U0691146

图书馆管理工作及其发展创新研究

胡晓涛 蒋智颖 许 莉◎著

中国出版集团 现代出版社

图书在版编目（CIP）数据

图书馆管理工作及其发展创新研究 / 胡晓涛，蒋智颖，许莉著. -- 北京 ：现代出版社，2023.12
ISBN 978-7-5231-0709-6

Ⅰ. ①图… Ⅱ. ①胡… ②蒋… ③许… Ⅲ. ①图书馆管理—研究 Ⅳ. ①G251

中国国家版本馆CIP数据核字(2023)第248832号

著　者	胡晓涛　蒋智颖　许　莉
责任编辑	申　晶

出 版 人	乔先彪
出版发行	现代出版社
地　　址	北京市安定门外安华里504号
邮政编码	100011
电　　话	(010) 64267325
传　　真	(010) 64245264
网　　址	www.1980xd.com
印　　刷	北京四海锦诚印刷技术有限公司
开　　本	787mm×1092mm　1/16
印　　张	12
字　　数	230千字
版　　次	2023年12月第1版　2023年12月第1次印刷
书　　号	ISBN 978-7-5231-0709-6
定　　价	58.00元

前　言

　　图书馆作为人类保存与获取知识信息的社会机构，有责任为国家建设中的科学、文化、教育和科研工作提供更高层次的服务，满足人们的信息需求。为此，图书馆必须做好服务与管理工作。随着科学技术的飞速发展，现代信息技术在图书馆得到了广泛应用，图书馆管理工作的内容、方式和手段都发生了天翻地覆的变化，图书馆管理工作也面临着新的机遇和挑战。因此，加强对图书馆管理工作的研究，是保证图书馆顺利运行和提供优质服务的基石。

　　本书首先从图书馆概述开始，介绍了图书馆的基本定义、功能以及特点。随后，深入探讨了图书馆管理的内涵和适用原理，帮助读者理解并把握图书馆管理的核心要义。接下来，对图书馆管理的各个职能进行了详细分析，包括组织职能、领导职能、控制职能和评价职能。通过剖析这些职能的具体内容和作用，读者能够更好地理解和运用在实际的图书馆管理工作中。然后我们通过引入现代管理理论，将其与图书馆管理进行对比研究，以期为图书馆管理者提供新的思路和方法。同时，我们强调了方法的重要性，介绍了目标管理、全面质量管理和量化管理等方法的理念与应用，帮助读者从多个角度思考和解决图书馆管理中的挑战。接着我们探讨了图书馆管理的应用实践，分析图书馆的行政管理、知识管理、危机管理、服务管理。除了传统的图书馆管理，本书还特别关注了图书馆在数字化和智能化时代的发展创新，探讨了数字图书馆的发展演进、数字图书馆与传统图书馆的关系、数字图书馆建设发展的模式以及数字图书馆的用户管理。接着进一步探究智慧图书馆的概念和实践路径，分析了智慧图书馆管理与服务机制构建的方法，讨论了元宇宙对智慧图书馆发展的影响。

　　本书在写作过程中参考了大量图书馆管理方面的资料，在此对相关作者表示诚挚的谢意。由于笔者水平有限，加之时间仓促，书中所涉及的内容难免有疏漏与不够严谨之处，希望各位读者多提宝贵意见，以待进一步修改，使之更加完善。最后，我们希望本书能够为图书馆管理者、专业人士以及对图书馆管理研究感兴趣的读者提供启示和指导。

目　录

第一章　图书馆管理的基本理论

第一节　图书馆概述

一、图书馆的定义

"图书馆"英文为 Library，含义为藏书之所，来源于拉丁文的"Liber"（图书）一词。我国古代图书馆先后有府、宫、阁、观、院、斋、楼等称谓，一般通称为"藏书楼"。后经日本在中国唐代时多次派遣"遣唐使"，经过对中国文化的长期学习，将中国文化中的"图书"和存放、保存图书处所的"馆"相结合，形成"图书馆"一词。在 19 世纪末"图书馆"一词由日本传入我国，并见诸报刊。最早正式使用这个名称的是 1904 年建立的湖北省图书馆和湖南省图书馆。

现代图书馆的定义为：图书馆是收集、整理、保存、研究和开发、传递文献资料信息，并为读者及社会提供利用的科学文化教育和信息服务机构。在这一概念中，包括以下 4 个内容：图书馆的工作对象——文献信息和读者；图书馆的工作程序——对信息进行收集、整理、保存、研究和开发、传递；图书馆活动的目的——提供利用与服务，以用为主；图书馆的性质——学术性、文化性、教育性和服务性。

下面简要分析图书馆的工作程序。

文献收集。它是整个图书馆业务工作的基础，直接影响着图书馆的服务质量和业务水平。文献收集应采取科学的方法，在了解本馆馆藏的情况下，通过多种途径（如购买、复制和交换等）补充馆藏，以便建立具有特定功能的藏书体系。

文献整理。对于刚到馆的文献，是不能被广大读者利用的。这些文献必须经过整理，包括分类、主题标引、著录和目录组织等，才能被读者利用。

文献保存。主要包括书库划分、图书排列、馆藏清点和文献保护等内容。其中，书库划分的中心内容是馆藏组织，即对馆藏文献进行合理布局，组织各种文献库，以便保管和利用书库文献。

文献研究和开发。包括对馆藏文献的内容及其物质形态进行研究，将其中具有价值的文献信息开发出来，以便供读者及社会利用。

文献传递。即图书馆服务（或称读者工作），是指图书馆利用馆藏和设施，直接向读者及社会提供文献及相关信息的一系列服务，这也是图书馆收集、整理、保存、研究和开发文献资料的目的。现代图书馆不仅通过外借和阅览的方式向读者提供印刷型的文献资料，而且还提供文献缩微复制、参考咨询、情报检索、定题情报服务以及宣传文献信息知识的专题讲座、展览等服务。

二、图书馆的构成要素

（一）藏书

藏书是图书馆所收藏的各种类型文献的总和，既包括传统的印刷型文献，也包括新型载体的视听资料、电子出版物等。藏书是图书馆赖以存在和开展工作的物质基础，是衡量图书馆规模大小的重要尺度，是根据图书馆的性质、任务和读者对象，有目的地、系统地收集起来的。它经过科学的加工、整理，合理的排列组织，成为有重点、有层次的图书馆藏书体系。这个藏书体系应该面向社会开放，适应广大读者的需要。

（二）读者

读者是图书馆的服务对象。凡是具有利用图书馆资源条件的一切社会成员，包括个人和团体，都可以成为图书馆的读者。图书馆的读者是多种多样的，他们具有不同的职业特点、不同的知识层次、不同的阅读需求和心理特征等，发展读者、研究读者、服务读者是图书馆读者工作的基本内容。读者的存在和需求决定着图书馆服务工作的价值。读者利用图书馆的情况反映了读者服务工作的发展水平。

（三）馆员

馆员是指图书馆的工作人员，包括各层次的领导干部、行政管理人员和业务技术人员。他们是图书馆各项工作的管理者和组织者，是最活跃的、对所有活动具有重大影响的因素，是联系图书馆藏书和社会读者的媒介。图书馆工作的优劣取决于馆员的政治素质和业务水平。

（四）技术方法

技术方法是做好图书馆工作的规范和主要手段，图书馆发挥作用的主要决定因素之一，就在于工作人员能不能掌握正确的技术方法。文献的收集、整理、组织、管理、流通等各个部门工作的技术方法构成了图书馆工作的方法系统，这个方法系统包括传统的手工操作的技术方法和以计算机技术为代表的现代信息技术方法。现代社会科技飞速发展，知识信息迅速膨胀，书馆作为社会知识信息的交流工具，必须紧跟形势，用新的技术方法和服务手段，进行文献的收集、加工和服务。

（五）建筑与设备

建筑与设备是图书馆进行各项活动所必要的物质条件，包括馆舍和技术设备、阅读设备、办公设备、水电设备等。建筑与设备是图书馆开展工作的物质条件，图书馆应当具有独立的馆舍、完善的书库、宽敞明亮的阅览室，以及各项工作所必需的相应技术设备。馆舍建筑如果不能适应工作需要，馆内设备不齐全、不符合标准，都会妨碍图书馆工作的开展，降低图书馆的社会功能。

在这五个要素中，藏书和读者是最基本、最主要的要素，它构成了图书馆的特殊矛盾，图书馆的其他要素都是围绕这两个要素产生和展开的。没有藏书与读者就构不成图书馆，有了藏书与读者，才需要有建筑和设备、技术方法以及馆员，而馆员、技术方法则是藏书与读者联系的桥梁，其中最具有主观能动性的要素是馆员。因为馆员是一切活动的管理者和组织者。图书馆的工作与服务方式，藏书的组织形式与结构，图书馆的社会效益与价值，都决定于馆员的能动作用。因此，充分发挥馆员的能动作用，是做好图书馆工作的前提。

三、图书馆的性质

（一）图书馆的本质属性

图书馆的本质属性是文献的藏用性，即对文献信息的收藏与利用，或称文献的聚集和信息的传递。藏用性是图书馆区别于其他机构的特有属性。与图书相关的其他部门，或以销售为主，如书店，其基本属性是采购和出售图书；或以收藏为主，如档案馆，其基本属性是收藏和保存，一般不提供利用；或以用为主，如情报研究所，其基本属性是提供利用，而不以保存为主。

藏用性是古今中外所有图书馆都具有的基本属性。近代、现代图书馆自不必说，即使以藏书为主的古代藏书楼也是如此。在藏书楼时代，如果没有统治者使用图书的要求，收集图书也就失去了意义，不收集图书，藏书楼也不会出现。无论社会如何发展，图书馆这一基本属性都不会改变。图书的收藏和利用，构成图书馆的特殊矛盾和主要矛盾，这对矛盾决定着图书馆的其他矛盾，这对矛盾的不断斗争、不断运动是推动图书馆事业发展的根本动力。这对矛盾是任何其他事物所没有的，也以此区别于其他事物。

（二）图书馆的一般属性

1. 社会性

图书馆作为一种社会设施和为公众提供文献资料信息的社会机构，具有明显的社会性。

（1）图书馆的文献信息具有社会性。图书馆文献资料是人们征服自然、改造自然和人类社会的历史过程的记录，它集聚了古今中外人类创造和积累的知识，是人类智慧的结晶，因此，它是人类共同创造的精神财富。同时，这些文献资料又通过图书馆一代一代地积累起来，继承下去，在社会上得到广泛的传播和应用，人们从中汲取各种科学文化知识，文献资料又成为人类共同享用的精神财富。

（2）图书馆的读者具有社会性。图书馆是人们利用文献信息的场所，虽然各个具体的图书馆有自己的服务范围和服务对象，但从总体来说，图书馆是面向全社会开放，为所有的社会公众服务的。

（3）图书馆的网络化具有社会性。任何一所图书馆都不可能将世界上所有的文献信息收集齐全，也不可能满足所有读者的文献信息需求。为了解决这个矛盾，早在 19 世纪末 20 世纪初，就开始建立了以编制联合目录、馆际互借等协作协调活动为主要内容的传统图书馆网络。20 世纪 70 年代，现代计算机技术与现代通信技术结合起来，出现了以计算机检索为主要内容的现代化的图书馆网络，从而使资源共享成为现实，图书馆的社会性得以更加广泛地体现。

2. 学术性

图书馆的学术性表现在图书馆工作是科学研究的前期劳动，以及图书馆工作本身具有学术性两方面。

（1）图书馆工作是科学研究的前期劳动，是构成科研能力的主要因素。科学研究是一种社会劳动，它具有明显的连续性和继承性。任何一个科学工作者，在开始从事某项科研工作的时候，总是首先要对所选择的题目进行大量的调研活动，了解其研究历史、目前的研究水平以及今后的发展趋势，以此作为定题的依据和进行科学创造的参考，使科研工作在前人已取得成就的基础上进行。这就是科研前的准备工作，即以文献调研为主要内容的调研活动。图书馆及情报系统完整地保存了记载有人类知识和智慧的文献资料，是这种文献调研活动的主要承担者，图书馆情报工作是决定科研能力的三因素（即科学家队伍的研究能力、实验设备和图书馆情报工作效率）之一。图书馆工作是科学劳动的一部分，图书馆对文献信息研究的成果直接影响科学研究工作的进行。

（2）图书馆工作本身具有学术性。图书馆的各项工作，如文献资料信息的采购与收集、分类与编目、组织与保管、流通与阅览以及参考咨询等，都具有一定的学术性。因为这些工作要求对图书馆的馆藏文献和读者、对各项业务工作的技术方法进行深入的研究，从而摸索出规律，不断提高工作质量和工作效率。特别是现代信息技术的迅猛发展，广泛而深刻地影响着图书馆工作的研究与开发。因此，应用现代信息技术去改造传统的图书馆工作，是新时期图书馆工作面临的新内容。

3. 服务性

图书馆作为信息服务产业的一个组成部分，其服务性十分明显。

（1）图书馆收藏文献信息的主要目的就在于利用，图书馆存在的价值也在于利用，因此，利用文献资料信息为读者服务是图书馆工作的主要目的，但图书馆作为服务性的机构，不同于商店、旅店、餐馆等这些满足人们物质生活需要的服务部门。图书馆是科学文化意识形态领域的服务部门，其服务性从文献资料信息的传递过程中体现出来，以公益服务为主，免费为读者提供精神产品，服务成果主要表现为社会效益。

（2）图书馆既然是一个服务性机构，因此就要求馆员应该具有从事这项服务性工作所必需的，比较广博的科学文化知识和图书馆业务知识，熟悉藏书，了解读者，具有全心全意为读者服务的精神和良好的职业道德。只有具备了这些能力，才能不断提高服务质量，积极主动地为读者提供服务，充分发挥图书馆在人类社会发展中的作用。

4. 教育性

图书馆通过提供文献资料信息，传播科学文化知识，对读者进行教育。

（1）图书馆是对大众进行思想政治教育和科学文化教育的社会机构。图书馆是读者自学的场所，图书馆为读者提供了良好的学习环境，读者可以针对自己在工作中遇到的问题进行学习。图书馆教育既是学校教育的补充，又是学校教育的继续，也是终身教育的基地。

（2）图书馆教育的形式灵活多样。图书馆既可以通过文献资料信息的推荐宣传、辅导阅读，举办学术报告会、书评会、故事会、座谈会等各种形式的活动，激发读者的学习兴趣，获得更好的教育效果。

（3）图书馆的教育对象十分广泛，凡是一切有能力利用图书馆的社会读者都是它的教育对象。任何年龄、职业、性别、种族、专业、文化水平的读者，都可以按照自己的需要和兴趣，在浩瀚的馆藏文献海洋中选择文献资料信息，获取自己所需要的科学技术文化知识。

四、图书馆的职能

（一）图书馆的基本职能

图书馆的基本职能贯穿于图书馆的整个发展过程，不随社会的发展而变化，也不随图书馆技术方法、服务手段等的进步而变化。

图书馆的基本职能是收集、整理、保存、研究和提供文献信息的利用。它包括以下四方面：对知识、信息的物质载体进行收集、选择、积累；对知识、信息的物质载体进行加工、整理、存储、控制、转化；对知识、信息的物质载体中所包含的文献信息进行揭示、研究与开发；对知识、信息的物质载体及其所含有的信息进行传递和提供利用。

图书馆的四项基本职能是由图书馆的本质属性决定的。图书馆的四项基本职能为：收集—整理—研究—提供利用，这是一个不断循环往复的动态过程，是图书馆生存和发展的基础，任何图书馆都必须具有这四项基本职能才能独立存在和发展。

（二）图书馆的职能

1. 保存人类文化遗产的职能

图书馆是人类文明的载体，它从诞生之日起就承担着保存人类文化遗产的职能。图书馆按照一定的原则和范围，全面、系统地收集记载人类社会发展历史和知识经验的图书文献，并对它们进行加工、整理，使其得以长久地保存起来，并流传下去。

图书馆最广泛、最完整地保存着记载人类活动和知识的文化典籍，在整个社会系统中占有任何其他文化机构所不能代替的重要地位。因此，保存人类知识经验等精神财富的职能是图书馆所特有的职能。为了系统、完整地保存人类文化遗产，许多国家颁布了有关保存珍贵图书及地方文献的法令。大多数国家还制定了出版物的呈缴本制度，由国内有关图书馆来负责系统全面地收集、保存国内出版物。版本图书馆的建立，也是为了这一目的。

2. 社会教育职能

图书馆是社会教育系统的重要组成部分。古代的图书馆就具有教育职能，但由于服务范围小，其社会教育职能不很明显。近代图书馆时期，图书馆的社会教育职能才得到比较充分的发挥。资本主义的大机器生产，要求工人有较多的知识和较高的技能，社会要求图书馆担负起对工人进行科学文化教育的任务，以满足社会生产的需要。在这种情况下，图书馆逐渐向社会开放，广大社会读者涌进图书馆，寻求知识，接受教育，使图书馆成为一个重要的社会教育机构。现代科学技术的发展日新月异，知识更新的速度越来越快，每个人的一生都需要不断地学习新知识，接受新信息，图书馆作为一个"社会大学""没有围墙的学校"，其社会教育职能得以更加充分地发挥。

图书馆的教育职能主要体现在进行思想政治教育和传播科学文化知识两个方面。另外，在科学技术发展日新月异的今天，知识与年龄同步老化，即使接受过良好专业教育的人，也会因为当代知识更新速度的加快而适应不了社会发展需要。因此，人们需要不断地学习新知识，图书馆成为人们接受终身教育的重要场所。人们通过利用图书馆，不断更新知识，接受继续教育。

3. 传递科学情报信息的职能

一个国家要发展科学技术生产力，就要加强科学研究。而科学研究具有明显的继承性、连续性和创新性，这就要求迅速地进行科学交流和收集、掌握文献资料中的情报信息，才能避免重复劳动或走弯路，才能在前人已经取得研究成果的基础上，进行创造性的科学研究。第二次世界大战后，科学技术迅速发展，记载科学技术的文献情报资料信息急剧增长，情报的收集、整理要花费大量的时间和精力，那种由科学家们自发地、分散地、孤立地收集科学技术情报，已远远不能满足客观需求，因而需要有专职的人员和机构，从事科学情报信息的收集、加工、整理、检索和传递工作，于是专业的情报机构应运而生。图书馆作为文献情报的重要收藏机构，传递科学情报信息成为其重要的职能。

图书馆收集了国内外各学科、各专业、各学派、各种深度的文献及其线索，不仅提供科技情报信息，还提供政治、经济、文化、教育等方面的情报信息，以满足社会对情报信息的广泛需求。情报信息只有极少部分来自非公开渠道，其主要来源是公开的报纸、图书，公开或半公开的期刊、专利文献、会议文献、政府报告、研究报告、学位论文、电子文献等。这些文献资料既能提供回溯性的情报信息，也汇集了最新的科技成就，以及经济领域和社会生活各方面的最新动态。图书馆在收集、整理、分析、研究这些文献资料的基础上，及时、准确、全面地为用户提供各方面的情报信息，充分发挥传递科学情报信息的职能。

图书馆不仅具有传递情报信息的物质基础——各种文献资料信息，而且具有传递情报信息的技术方法。现代信息技术应用到图书馆，极大地提高了现代图书馆传递情报信息的效率，从而使图书馆传递科学情报信息的职能得以更充分地发挥，成为现代社会的情报信息中心。

4. 开发智力资源的职能

智力是人们认识客观事物，并运用科学知识解决实际问题的能力。智力也是一种资源，它和煤、石油等自然资源一样，只有被人们开发和利用，才能发挥出巨大的能量，为人类和社会服务。图书馆开发智力资源的职能体现在开发文献信息资源和开发人力资源两个方面。图书馆收藏的文献中所蕴含的知识、信息，是人类智慧的结晶，是一种智力资源，图书馆开发文献信息资源，也就是开发人类积累的智力资源。采用现代化的技术手段，将图书馆收藏的文献资料中的情报信息充分地揭示出来，为每一条情报信息找到使用者，为每一个需要者准确地提供情报信息，从而使图书馆的智力资源得到充分的开发利用，去创造新的物质财富和精神财富。人力资源是一种潜在的资源，只有经过开发，才能最大限度地发挥作用。图书馆对这种智力资源的开发工作，与图书馆的社会教育职能是密切联系的。对读者进行学习方法和阅读方法的教育，帮助读者改进读书治学的方法；对读者进行文献信息检索和利用知识的教育，提高读者情报信息的开发利用能力；读者利用图书馆丰富的文献资料信息，不断地给自己的大脑"充电"，丰富自身的知识，更新和改变原有的知识结构；图书馆还举办各种学术交流会、专题报告会及其他活动，开阔读者的视野，启发读者的思维，培养读者的各种能力等，这些都是图书馆开发智力资源职能的具体体现。

5. 丰富文化生活的职能

健康的文化娱乐生活是人类社会生活中不可缺少的重要组成部分。图书馆是社会文化生活中心之一，在传播文化和活跃群众业余生活方面，与剧院、电影院、美术馆、音乐厅、俱乐部等各种文化设施具有同等重要的地位和作用，而且其方式灵活多样，活动内容丰富而广泛，因而能引起人们的兴趣，能全面地满足读者业余文化生活的需要。

图书馆是一所各科文献知识俱全的社会大学校。它拥有丰富的文献资料，既有学科的专著，还有大量知识性和趣味性的读物、文艺作品、报纸、杂志、画报、画册、录音带、录像带、光盘、网络信息等。尤其是现代图书馆，除了收藏传统的印刷品供借阅外，还配备有唱片、录音、录像、幻灯、科教电影、计算机上网等各种多媒体的声像设备、资料和网络设备，人们可以充分地加以利用。人们可以到图书馆将自己感兴趣的图书借回家潜心研读，细细品味；也可以利用休息时间，到图书馆的阅览室浏览报纸、欣赏美术画册，享受阅读的乐趣；还可以到图书馆的电子阅览室通过光盘看电影、学习各种技能以及在网上遨游。图书馆还可以举办读书座谈会、音乐欣赏会、网络聊天会等各种活动，这些都可以开阔人们的视野，使其获得美的享受，丰富人们的业余文化生活。

第二节 图书馆管理的内涵及特点

一、图书馆管理的内涵

国内许多学者都给图书馆管理下了定义，以至学术界至今尚未取得统一的认识。下面我们列举一些有代表性的定义。

"所谓图书馆管理，就是遵循图书馆工作的规律，依据管理工作的内容与程序，在图书馆系统最优化的条件下，充分利用其资源，以有效地实现其社会职能的一系列有组织的活动。"[1]

"应用现代科学的理论与方法，遵照图书馆工作和图书馆事业的固有规律，合理地组织和最大限度地发挥图书馆的人力、物力、财力等各种资源的作用，以便达到预定目标的决策过程。这就是图书馆的科学管理。"[2]

图书馆科学管理就是"通过计划、组织、指挥、协调和控制等行动，按照图书馆事业和图书馆工作的发展规律，最合理地使用图书馆的人力、财力、物质资源，使之发挥最大的作用，以达到图书馆预期的目标，圆满地完成图书馆任务。"[3]

"图书馆管理是根据图书馆满足社会读者需求的目的，通过决策、计划、组织、指挥、协调与控制等行动，最合理地分配与使用图书馆系统的人力、物力、财力等资源，使之发挥最大的效益，提高图书馆的效率，以达到图书馆预期的目标，完成图书馆任务的动态过程。"[4]

"图书馆管理是图书馆通过专门的机构和人员，合理配置和使用图书馆资源，达到预期目标的过程。"[5]

"图书馆管理是遵循图书馆工作的客观规律，通过计划、组织、协调、指挥等手段，合理配置和使用图书馆资源，以达到预期目标，满足读者知识信息需求的一种活动。"[6]

"图书馆管理是指图书馆的主管者通过实施决策、组织、领导、控制和创新等职能，

① 郭星寿.图书馆与资料室管理手册 [M].成都：四川科学技术出版社，1987：67.
② 于鸣镝.图书馆管理学纲要 [M].沈阳：辽宁人民出版社，1986：3.
③ 鲍林涛.图书馆管理学 [M].北京：学苑出版社，1989：6.
④ 黄宗忠.图书馆管理学 [M].武汉：武汉大学出版社，1992：27.
⑤ 谭祥金.图书馆管理综论 [M].北京：北京图书馆出版社，1997：15.
⑥ 潘寅生.图书馆管理工作 [M].北京：北京图书馆出版社，2001：10.

来协调工作人员的行为，以达到图书馆预期目标的活动过程。"①

"现代图书馆管理的定义应该是：全面运用现代管理理论，用以指导现代图书馆全部活动，提升现代图书馆管理水平的整个过程。"②

应该说，上述几种定义虽然表述方式不同，但并无实质性差别。它们或多或少是通过涵盖图书馆工作的客观规律、图书馆职能、图书馆资源、图书馆目标等要素来定义图书馆管理，都承认图书馆管理是一种活动或过程。我们不能说哪一种定义是完全正确的，因为每种定义都有自己的侧重点或视角。

在吸取上述定义之精华的基础上，本书给图书馆管理下一个定义：图书馆管理是指引导人力资源、财力资源、信息资源和物质资源进入动态的图书馆以达到图书馆的目标，即使其服务对象——读者获得满意，并且使服务的提供者——馆员亦获得一种高度的士气和成就感之活动。

这是一个关于图书馆管理的综合性定义。下面具体分析一下这个定义。

图书馆管理包含对人力资源、财力资源、信息资源和物质资源的引导。图书馆管理者必须平衡四者之间的关系，不能厚此薄彼。

图书馆的动态性在这个定义中得到了体现。图书馆的运营是处在一个永远变化的环境之中的，因为信息技术在变化，读者在变化，信息产品和信息服务在变化，馆员也在变化。因而，图书馆也必须变化。那些随时准备适应环境变化的图书馆被称为动态图书馆，正如在定义中所阐述的那样，图书馆管理涉及将人力资源、财力资源、信息资源和物质资源引导进入一个动态图书馆中。

达到目标是这一定义不可分割的组成部分。目标是一个图书馆须臾不可离的要素，没有目标就没有图书馆或丧失图书馆存在的意义。衡量达到图书馆目标的绩效度量是其所服务对象的满意程度。读者是图书馆服务的对象，对于成功的图书馆管理需要注重的是读者的满意程度。一些图书馆对读者持一种消极的态度，从长远的观点看，这种态度会使图书馆步入困境。不论一个图书馆是处在一种高度竞争的环境中还是处在一种非高度竞争的环境中，其所关注的焦点都应当是读者的满意程度。因此，图书馆管理就是为了达到使读者满意的目的，而将人力资源、财力资源、信息资源和物质资源引入动态图书馆中。

定义中的最后一个部分是关于对高度士气和成就感的阐述。这种高度士气和成就感是因馆员提供信息服务而获得的，馆员从工作中所获得的成就感和高度士气对图书馆达到目

---

① 刘喜申. 图书馆管理：协调图书馆人行为的艺术 [M]. 北京：北京图书馆出版社，2002：3.
② 李松妹. 现代图书馆管理概论 [M]. 北京：北京图书馆出版社，2007：13.

标以及为读者提供满意的服务具有很大的影响。

二、图书馆管理的特点

"图书馆管理作为一种特殊的社会实践活动，其具有一般社会实践所共有的客观性、能动性和社会历史性等特性，不过这些特性在图书馆管理中有其具体的表现形式。"① 整个实践的特性对于不同的实践活动来说是一种共性的东西，而具有这种共性的各种实践活动又表现出不同的特性。总体来看，图书馆管理具有以下六个主要特点。

（一）图书馆管理的协调性

所谓协调性，是指调节和改造各种管理对象之间的关系，使他们能相互适应，按照事物自身固有的规律性在整体上处于最佳的功能状态。图书馆管理与其他业务活动不同。

首先，从活动的对象来看，一般业务活动总以某个特定的具体事物作为自己的对象，如文献采选以图书馆未收藏的新书、新刊、新报、新光盘等文献载体为对象，分编工作以图书馆已采购回来的新文献为对象，咨询服务以读者为对象等。但是，图书馆管理在一定意义上却是以图书馆系统的各种业务活动为自己的对象，是对这些业务活动之间的关系以及这些业务活动内部的各种要素之间的关系进行协调的活动。与各种业务活动相适应，就有协调这些活动的采访管理、分编管理、借阅管理、咨询管理等形式，这些管理活动是通过协调各种业务活动而间接地对它们起作用，从而改变它们的存在状态。

其次，从活动的任务来看，一般的业务活动都有自己特定的具体任务，它们或者是为了购回本馆读者所需要的文献，或者是为了改变文献的形式特征，或者是为了将读者所需要的文献传递给读者，或者是对读者进行信息检索技能培训，或者是为读者提供咨询课题的解答方案等。图书馆管理的主要任务是协调人们之间的关系和利益，协调人们活动的状态和过程，使图书馆各种业务活动的要素建立某种有序的优化结构。所以，图书馆管理是一种柔性的社会活动，图书馆管理者一般并不直接从事信息产品的生产或信息服务活动，他们主要是通过协调各种业务活动的内外关系，特别是馆员之间的关系以及馆员和读者之间的关系，使各种要素、各个环节在共同目标——最有效地满足读者的信息需求的指引下，消除彼此在方法上、时间上、力量上或利益上存在的分歧和冲突，统一步调，使图书馆的各种业务活动实现和谐运转，结合成一个有机的整体。

---

① 李良艳. 现代图书馆管理理论研究［M］. 北京：中国商务出版社，2018：49.

（二）图书馆管理的组织性

图书馆管理的组织性，一方面指的是图书馆管理活动总是通过一定的组织（如学校图书馆、科学图书馆、企业图书馆、公共图书馆、工会图书馆等）进行的，这种组织是由进行管理活动的人所组成的一个有序结构。组织既是管理的主体，因为任何图书馆管理都是由一定的组织机构（即特定的图书馆）去进行的；同时，组织又是管理的对象，因为任何图书馆管理都是对一定组织（即特定的图书馆）的管理，孤立的个人，离开了一定组织的人，是无所谓图书馆管理的。另一方面，它指的是图书馆管理活动本身就是一种组织活动，这种组织活动将分散的资源如人力、物力、财力、信息等资源组合起来，形成一个稳定的、能够不断根据客观环境的变化而进行调整的物质和社会双重结构的过程。这种组织过程既把各种离散的、无序的事物结合成一个相互联系、相互制约的管理组织系统；同时又能不断地根据变化的外部和内部情况，对管理活动的各种要素之间的关系进行调整，以寻求相适应的最佳物质与社会的匹配关系，使图书馆系统朝着管理的目标运动。前者指的是静态的组织性，它表现为一种有序的组织形式；后者指的是动态的组织性，它表现为一种能动的组织职能。图书馆管理的组织性是图书馆管理最基本的特征，也是其他特征的内在根据和机制。

（三）图书馆管理的科学性

图书馆管理的动态特性并不意味着图书馆管理没有规律可循。尽管图书馆管理是动态的，但还是可将其分成两大类：一是程序性活动，二是非程序性活动。所谓程序性活动，就是指有章可循，照章运作便可取得预想效果的管理活动。如制定读者服务工作中的各种规章制度，制定人员管理工作中的录用、奖惩、培训等方面的条例，制定行政管理的各种规章制度，制定后勤管理的各种规章制度，等等。所谓非程序性活动，就是指无章可循，需要边运作边探讨的管理活动，如建造新馆、建设图书馆自动化系统、图书馆组织机构的调整、复合图书馆的设计等。

这两类活动虽然不同，但又是可以转化的。实际上现实的程序性活动就是由以前的非程序性活动转化而来的，这种转化的过程是人们对这类活动与管理对象规律性的科学总结，图书馆管理的科学性在这里得到了很好的体现。此外，对新管理对象所采取的非程序性活动只能依据过去的科学结论进行，否则，对这些对象的管理便失去了可靠性，而这本身也体现了图书馆管理的科学性。

（四）图书馆管理的变革性

从本质上来说，管理是变革活动，是使人获得真正自由的活动。

从现象上看，图书馆管理有保守的一面，它要维持图书馆系统一定程度的稳定，要用一定的原则、规章制度约束图书馆的成员。但是，保守性、束缚性只是使图书馆获得发展、使个人获得真正自由的手段，因而是暂时的、相对的。稳定是运动的一种特殊状态，因为图书馆系统中的人、财、物、信息等要素是不断变化发展的，图书馆系统外部的经济、政治、文化、科技等环境也在不断变化。要实现对图书馆的真正有效管理，目标和计划就要反映对象的变化，协调活动就要使系统内外因素的配合在变动中趋向合理，要不断通过信息反馈实现对图书馆的动态控制，要根据图书馆的发展改变失去合理性的规章制度。由此可见，图书馆管理的变革性是由图书馆本身的运动决定的，具有客观性。

图书馆管理的变革性更重要地表现为其发展演化。图书馆管理是一种主观见之于客观的活动，它要反映图书馆的变化。不仅要反映图书馆现时的变化，而且要反映图书馆变化的趋势，还要反映趋势的转变，这只有通过科学预测、设立目标、制订计划、完善组织、实施控制等一系列动态管理活动反复循环才能实现。

（五）图书馆管理的艺术性

由于图书馆管理对象分别处于不同系统（如科学院系统、文化系统、教育系统、工商企业系统等）、不同部门（如采访部、编目部、流通阅览部、典藏部、参考咨询部、研究辅导部、信息技术部、特藏部等）、不同环节（如出纳台借还、书库整理）、不同资源供给条件等环境中，这就导致了对每一具体管理对象的管理没有一个唯一的、完全有章可循的模式，特别是对那些非程序性的、全新的管理对象更是如此，因此，图书馆具体管理活动的成效与管理主体管理技巧的娴熟程度密切相关。

事实上，管理主体对管理技巧的运用与发挥，一方面体现了管理主体设计和操作管理活动的艺术性。另一方面，由于在达成图书馆资源有效配置的目标与现行责任的过程中，可供选择的管理方式、手段多种多样，因而如何在众多可供选择的管理方式中选择一种适用于现实的图书馆管理，也是管理主体进行管理的一种艺术性技能。

（六）图书馆管理的经济性

众所周知，图书馆存在着以资源稀缺性为核心的经济问题，如社会对图书馆的投资应该达到什么样的水平才能充分发挥图书馆的各项社会功能。为了节约社会投资，提高图书馆的投资效益，对图书馆的社会投资应如何分配给各种不同类型的图书馆才能使图书馆资源达到合理配置？怎样选购和组织藏书才能使有限的购书经费发挥最大的效益？要有效地解决上述问题，就必须对图书馆的人力、物力、财力、信息等资源进行配置。而资源配置是需要成本的，因此管理就具有经济性。

图书馆管理的经济性主要表现在三个方面：首先，反映在图书馆资源配置的机会成本上，管理者选择一种资源配置方式是以放弃另一种资源配置方式为代价而取得的，这里有机会成本的问题。其次，图书馆管理的经济性反映在管理方式方法选择上的成本比较，因为在众多可帮助进行资源配置的方式方法中，其所费成本不同，如何选择就有经济性的问题。最后，图书馆管理是对资源有效整合的过程，因此选择不同资源供给和配比，就有成本大小的问题，这是经济性的另一种表现。

第三节　图书馆管理的适用原理

原理是指某种客观事物的实质及其运动的基本规律。图书馆管理原理是对图书馆管理工作的实质内容进行科学分析总结后而形成的，是对图书馆各项管理制度和管理方法的高度综合与概括，因而对一切图书馆管理活动具有普遍的指导意义。

一、系统原理

任何社会组织都是由人、财、物和信息组成的系统，任何管理都是对系统的管理，没有系统，也就没有管理。系统原理不仅为认识图书馆管理的本质提供了新的视角，而且它所提供的观点和方法广泛渗透到人本原理、能级原理、动力原理和效益原理之中，在图书馆管理原理的有机体系中起着统率作用。

（一）系统原理蕴含的基本概念

1. 系统和要素

一个具体的系统必须具备三个条件：一是系统必须由两个以上的要素（元素、部分或环节）所组成；二是要素与要素、要素与整体、整体与环境之间存在着相互作用和相互联系；三是系统整体具有确定的功能。这三个条件缺一不可，否则就不能构成一个具体的系统。

要素始终是和系统不可分割地对应着的。要素是构成系统的必要因素，即组成系统的各个部分或成分，是系统最基本的单位，因而也是系统存在的基础和实际载体。要素在系统中的情况一般可分为三种：①不同数量和不同性质的要素可构成不同的系统；②相同数量和相同性质的要素仅由于结构方式的不同，也可构成不同的系统；③相同性质的要素仅由于数量的不同，也可构成不同的系统。

系统和要素是对立统一的关系。首先，系统通过整体作用支配和控制要素；其次，要素通过相互作用决定系统的特性和功能；最后，系统和要素在一定条件下相互转化。

2. 结构和功能

所谓结构，是指系统内部各组成要素之间的相互联系、相互作用的方式或秩序，也就是各要素之间在时间或空间上排列和组合的具体形式。贝塔朗菲把结构称为系统的"部分的秩序"。

所谓功能，是指系统与外部环境相互联系和作用过程的秩序与能力。系统功能体现了一个系统与外部环境之间物质、能量和信息之间的输入与输出的变换关系。

结构与功能之间的关系主要表现为如下四种情况：首先，由不同要素组成的不同结构的系统具有不同的功能。其次，由相同要素组成的不同结构的系统也具有不同的功能。再次，组成系统的要素和结构不同，可以具有相同的功能。最后，同一结构的系统可以具有多种功能。总之，由于客观世界的复杂性和无限性，系统的结构和功能的关系是多样的，变化是无穷的，在一定条件下是可以转化的。

3. 环境和行为

所谓环境，是指系统存在的外部条件，也就是系统以外对该系统有影响、有作用的诸因素的集合。在一个大系统中，对于某一特定的子系统来说，其他的子系统可以看成是它的环境。环境实际上是同某一特定的系统相关的其他系统（或事物）的统称。

所谓行为，是指系统对环境的影响和作用的反应，即在系统与环境的相互作用中，环境对系统施加影响和作用以后系统对环境的反作用。

系统行为是由系统环境和系统内部状态两个因素引起的。其中，环境是产生系统行为的诱因或外部条件；系统内部状态是系统行为的根据或决定因素。系统行为归根结底决定于系统的内部状态，而系统的内部状态又取决于系统结构的优化程度。可见，系统行为实际上是系统的外部状态，即系统本质规定的外部表现。因此，在一定环境下，可以通过改变系统的内部状态来调节或改变系统的行为；也可以通过系统行为的研究来考察一个系统的内部状态，即系统要素及其结构方式。

需要注意的是，系统行为和系统功能是两个相近但又不完全相同的概念。系统的功能虽然也是在系统与环境的相互作用中表现出来的，但它只是着重描述系统与环境的相互作用中系统对外部环境施加影响和作用的能力；系统行为则不然，它着重描述系统与环境的相互作用中系统自身的外部活动状态以及状态变化过程。因而不能把系统行为和系统功能混为一谈。

（二）系统原理的主要内容

系统原理是有关系统的基本属性、共同特征和一般规律的理论概括，主要体现在系统和要素、结构和功能以及系统和环境、系统和时间等关系上。

1. 系统整体性

系统整体性是指系统诸要素相互联系的统一性。整体性是系统最本质的属性，因而"整体"和"系统"这两个概念经常被同义使用。

系统的整体性根源于系统的有机性和系统的组合效应。系统整体性原理的基本内容有：①要素和系统不可分割；②系统整体的功能不等于各组成部分的功能之和；③系统整体具有不同于各组成部分的新功能。

系统整体性原理对图书馆管理工作具有重要的指导意义：①根据图书馆管理目标，把管理要素组成一个有机的系统。图书馆管理的目的就在于把图书馆中诸要素的功能统一起来，从总体上予以放大。从这个意义上说，图书馆管理是一门把图书馆中的各种要素或各个部分协调起来，使之达到某种组织目标的学问。②把不断提高要素的功能作为改善图书馆系统整体功能的基础。由于组成图书馆系统的要素是决定其整体功能状况的最基本条件，因此改善图书馆系统的整体功能一般应从提高其组成要素的基本素质入手。图书馆系统作为一个整体，一般由采访、分编、典藏、流通等部门或环节组成。任何一个部门或环节的功能素质不健全或相对薄弱，都会在一定程度上影响图书馆的整体效应。因此，必须按照图书馆整体目标的要求，不断提高各个部门特别是关键部门或薄弱部门的功能素质，并强调局部服从整体、保证整体，以保证图书馆系统最佳的整体功能。③保持图书馆系统要素的合理组合。系统整体性原理告诉我们，整体功能是否守恒的实质在于结构是否合理。因此，改善和提高图书馆系统的整体功能，不仅要注重发挥每个要素的功能，更重要的是调整要素的组织形式，建立合理的结构，从而使图书馆系统整体功能优化。

2. 动态相关性

任何系统都处在不断的发展变化之中，系统状态是时间的函数，这就是系统的动态性。系统的动态性取决于系统的相关性。系统的相关性是指系统的要素之间、要素与系统整体之间、系统与环境之间的有机关联性。它们之间相互制约、相互影响、相互作用，存在着不可分割的有机联系。相关就是联系。正是由于系统内部诸要素之间、要素与系统整体之间、系统与环境之间的相互作用和相互联系，才构成了系统发展变化的根据和条件。动态相关性原理的实质是揭示要素、系统和环境三者之间的关系及其对系统状态的影响。

动态相关性原理的基本内容有：①系统内部要素和要素之间的相关性；②要素与系统整体的相关性；③系统与环境的相关性。

从上述内容可以看出，动态相关性原理和系统整体性原理是紧密联系的。系统整体性原理是系统思想的核心，动态相关性原理则是系统整体性原理的延续和具体化。

动态相关性原理对实际的图书馆管理工作具有重要的指导意义。

第一，任何一个要素在图书馆系统中的存在和有效运行都与其他要素相关。图书馆系统中某个要素发生变化，就会引起其他相关要素的相应变化。例如，图书馆藏书规模的扩大，必然要求增加工作人员和书库空间；图书馆新馆舍的建成，必然要求对工作人员、藏书、设备等要素重新进行布局；一位新馆长的上任，必然会引起图书馆系统内一系列要素的变化；图书馆自动化系统的上马，必定要求对馆员进行培训；图书馆经费的缩减，必定会影响设备的更新与维护、工作人员的福利待遇、藏书建设水平等方面。因此，在图书馆管理实践中，当我们想要改变某些不合要求的要素时，必须注意考察与之相关要素的影响，使这些相关要素得以相应地变化。图书馆系统中各要素发展变化的同步性可以使各要素之间相互匹配，从而增强协同效应以提高图书馆系统的整体功能。

第二，图书馆系统内部诸要素之间的相关性不是静态的，而是动态的。要素之间的相关作用是随时间变化的，由此决定了系统整体的性质和状态也是不断发展变化的。因此，必须把图书馆系统视为动态系统，在动态中认识和把握其整体性，在动态中协调部分与部分、部分与整体的关系。图书馆管理的过程，实质就是把握藏书、馆员、读者、经费、设备等要素的运动变化特点，然后有针对性地进行调节和控制，最终实现图书馆管理的最佳目标。

第三，图书馆系统的整体功能存在于图书馆与环境的相关性之中。如果说要素之间的相关性形成系统的结构联系，使系统成为具有一定结构的整体，那么系统与环境的相关性则形成系统的功能联系，使系统具有某种整体功能。系统一定的整体功能，表明系统与环境必须按照一定的规律进行物质、能量和信息的交换，才能保持系统整体的性质，产生一定的整体效应。如果系统与环境的输入和输出关系遭到破坏，系统整体的性质和整体效应就会受到影响以致丧失。因此，一定要在图书馆系统和环境的相互联系与相互作用中认识和改善图书馆系统。

3. 层次等级性

一个系统的组成要素是由低一级要素组成的子系统，而系统本身又是高一级系统的组成要素。这种系统要素的等级划分，就是系统的层次等级性。

层次等级性原理的基本内容有：①层次等级结构是物质普遍的存在方式；②处于不同层次等级的系统具有不同的结构，亦具有不同的功能；③不同层次等级的系统之间相互联系、相互制约，处于辩证统一之中。

系统层次等级性原理对图书馆管理工作具有重要的指导意义。

首先，系统层次等级性原理可以指导人们合理设置图书馆管理层次。管理组织系统划分层次等级的主要原因在于管理对象的复杂性与管理者个人能力的有限性之间的矛盾。尽管今天的管理者比以往的管理者在能力和手段上有了普遍提高，但今天的管理对象要比以往复杂得多。管理对象的复杂化，使管理组织系统的规模日益增加。对于规模较大的图书馆系统来说，合理划分管理层次，建立等级结构，可以削弱系统规模和对象复杂性之间的联系，缓解管理对象复杂性和管理者能力之间的矛盾。这是因为，把一个较大的管理组织系统划分为不同的层次等级，按照层次等级进行分级管理，可以使处在不同层次的管理者所直接联系的人数（包括上级和下级）大体相当，从而使他们的管理能力和管理对象相适应。

其次，系统层次等级性原理可以指导人们科学地分解图书馆目标。图书馆系统的层次等级是科学分解目标的组织基础。一个图书馆系统总是要根据自身的基本任务、上级的指令、当前的状况、发展的需要和各种内外条件来确定系统的总体目标，然后按照图书馆系统的层次等级将总目标分解为不同层次、不同部门的分目标。分目标要保证总目标，总目标指导分目标，从而形成前后衔接、上下贯通的目标体系。这样建立起来的目标体系，在组织上能使目标由上而下层层具体、层层落实，由下而上层层负责、层层保证；在内容上既能明确本级系统的基本任务，又能反映分目标和总目标的关系，便于处理局部和整体的矛盾。在明确每一管理层次、每个部门以至每个人的目标责任的基础上，授予相应的权力，进而建立起目标体系，使整个图书馆管理工作走上系统管理的轨道。

最后，系统层次等级性原理可以指导人们按图书馆系统的层次实施层级管理。图书馆系统中的每一层级所处的地位不同，因而性质和功能也不同。每一个管理者都有自己相应的管理层次，处于不同层次的管理者各有不同的目标责任和要求。一般来说，同一层次各子系统的横向联系应由他们之间全权处理，只有在出现不协调或发生矛盾时才提交给上一层次的系统来解决。上一层次系统的任务有两个：一是根据本系统的目标向下一层次发出指令，并检查监督指令执行的结果；二是解决下一层次中各子系统之间的不协调或相互之间的矛盾。当每一层次的任务明确以后，各层次的分系统均须围绕着本层次的中心任务开展工作并通力协作，上一层次一般不宜干预下一层次的工作，这样就形成有序的层级管理。

4. 系统有序性

系统的有序性是指构成系统的诸要素通过相互作用，在时间和空间上按一定秩序组合和排列，由此形成一定的结构，决定系统的特定功能。系统的有序性标志着系统的结构实现系统功能的程度。因此，系统有序性原理的实质在于揭示系统的结构和功能的关系。

系统有序性原理的基本内容有：①任何系统都有特定的结构。结构合理，系统的有序度高，功能就好；反之，结构不合理，系统的有序度低，功能就差。②系统由低级结构转变为较高级的结构，即趋向有序；反之，系统由高级结构转变为较低级的结构，即趋向无序。③任何系统必须保持开放性，才能使系统产生并且维持有序结构。

系统有序性原理对图书馆管理工作的指导意义表现在以下方面。

第一，掌握系统有序性原理，有助于深入理解图书馆系统对外开放和对内搞活政策。任何图书馆系统都应该是一种具有活力的耗散结构系统。耗散结构系统的存在和发展必须具备两个条件：一是对外开放，二是内部要有活力。只有对外保持图书馆系统的开放性，才能从外部环境中吸收负熵流，以抵消内部的熵增，使图书馆系统处于非平衡态或远离平衡态，即造成图书馆系统向有序发展的外部条件。对内要有活力，就是要保持图书馆系统内部的非平衡态。这是因为，一个图书馆系统如果处于无差异的平衡态，就意味着其内部不存在势能差。根据耗散结构理论，无势能差的平衡系统服从势能最小原则，因而必然是一个低功能系统。图书馆管理体制改革之所以要引进竞争机制，目的就是设法增大图书馆系统内部的势能差，形成非平衡态。

第二，掌握系统有序性原理，有助于提高图书馆管理的有序度。要提高图书馆管理的有序度，必须科学地安排图书馆系统诸要素的秩序，使之协调匹配，以减少内耗而求得统一的整体功能。为此，主要应使以下三个方面有序：首先是目标体系有序；其次是目标实施过程有序；最后是组织系统有序。

二、人本原理

在管理学的整个发展过程中，"人"始终是一个最基本的概念。任何一种管理理论都是依据对人的一定看法而提出来的，各种管理理论的区别大多可以归结为对人的理解不同。例如，X 理论是建立在人性"恶"的假设之上的，Y 理论是建立在人性"善"的假设之上的，Z 理论则试图超越人性"善"还是"恶"的问题。再如，传统的管理理论往往把

人当作手段来看待，认为人和机器等工具一样，无非是达到某一目的的手段；而现代管理学则普遍地摒弃这种看法，把人看作目的，认为人本身是一切管理活动的最终目的。所以，对于现代管理学来说，关于人是手段还是目的的争论已经有了明确的答案。

（一）人本原理的含义

所谓人本，顾名思义，就是以人为根本。概括地说，图书馆管理的人本原理是指在图书馆管理活动中，坚持一切从人出发，以调动和激发人的积极性和创造性为根本手段，以达到提高管理效率和人的不断发展为目的的原理。

该原理具体包含以下几层含义。

第一，人的因素第一的观念。所谓人的因素第一，就是在观察任何事物、处理任何事情、解决任何问题时，都把人的因素看成是首要因素、关键因素、决定性因素，既不是重物不重人，也不是见物不见人。

第二，尊重知识、尊重人才的观念。尊重知识和尊重人才是统一的。这是因为，知识是人才的基础，人才又是知识的人格化。但图书馆管理中的人才观念是指广义的人才，而不仅是指少数典型或代表人物。

第三，以人的不断解放和全面发展为最高追求目标的观念。

第四，"人和第一"的观念。在图书馆管理中树立"人和第一"的观念，既包括管理者之间即领导班子的团结合作、管理者与被管理者之间的团结合作、上下同心同德，也包括团体或组织内良好的人际关系、团体或组织外良好的社会关系。

（二）在图书馆管理中贯彻人本原理的途径

1. 把图书馆管理建立在对人的本性的科学认识基础上

从人本原理来看，图书馆管理主要是人（馆长、书记、副馆长、部门主任、小组长等）对人（普通馆员和读者）的管理。因此，建立任何管理制度，制定任何管理措施，都必须对人的本性有一个准确而科学的认识。通俗地讲，就是首先明确所管理的人是什么人，然后再研究管理制度和管理方法，即如何管理的问题。这样就能使所制定的管理制度和措施有较强的针对性，使之建立在科学而实际的基础上，从而从根本上起作用。

2. 在图书馆管理中正确运用激励机制

人的需要是人普遍存在的自然本性，任何管理都应运用激励机制，通过满足人的各种合理需要来调动人的积极性。需要决定动机，动机产生行为，这是人的行为产生发展的规律。在图书馆管理活动中，通过认识和引导人的需要去实施对人的管理具体包括三个方面的内容。

第一，通过认识人的需要去实现对人的管理。在任何图书馆系统中，每个人都有着多种多样的不尽相同的愿望、利益和追求。这些个人的愿望和利益，有些是同图书馆利益一致的，或是兼容的，也有些是不符合甚至背离了图书馆的需要的。图书馆管理实际上就是通过认识人的需要，并在这种认识的基础上，鼓励、支持和强化个人的那些符合图书馆的需要、为图书馆所要求的愿望和追求，限制个人那些不符合图书馆需要、为图书馆条件所不许可的愿望和追求，甚至对满足后一种需要的行为实施必要的惩罚。

第二，通过促进人的需要的满足去实现对人的管理。人的全部行为归根结底都是为了满足自身需要的活动。管理就是要预测作为管理对象的人在一定环境下会怎样行动，要了解是什么东西在引导着他们工作，什么东西在激励着他们前进，说到底，也就是要知道他们需要的是什么。所以，考虑作为对象的人的各种需要，解决个人需要与集体需要之间的矛盾，是管理者的重要职责。图书馆管理者要把读者的需要、馆员的需要和图书馆的需要紧密结合起来，保证图书馆成员的个人需要不仅在一时一地得到满足，而且能够长期稳定地得到满足，以极大地调动他们完成图书馆任务的积极性，并进一步促进他们为满足需要、实现利益而努力。

第三，通过唤起和促进人的需要的生成去实现更为积极主动的图书馆管理。在某种意义上，能否唤起被管理者的需要，是管理活动有效、成功与否的测量器。任何管理者都希望通过对被管理者施加信息影响，唤起他们对图书馆、集体必需的有关活动的兴趣。有效的图书馆管理是使被管理者自觉地把图书馆的利益变成个人的利益，把图书馆的信念变成个人的信念，把图书馆的事业变成个人的事业。这时，被管理者对执行图书馆活动不是出于强迫，而是出于个人的内在推动、内在需要。

3. 重视人的精神、价值观和政治思想在图书馆管理中的作用

我国古代早有"为将之道，当先治心"的名言。随着社会的不断进步和人们物质文化生活水平的不断提高，人的精神追求、价值观的实现和思想政治因素在管理中发挥的作用越来越大。因此，图书馆管理应顺应这一历史潮流，重视文化建设，加强思想政治工作，以使图书馆系统有明确的追求目标，形成良好的共同价值观和强大的精神凝聚力。精神凝聚力是最根本的凝聚力，任何图书馆只要形成了强大的精神凝聚力，就能充分发挥人的"自动自发"功能，就能经得起任何艰难困苦的考验，无往而不胜。

4. 创造能充分发挥人的聪明才智和拔尖人才脱颖而出的机制和环境

一般来说，一个体力、脑力比较健全的人，只要使其能力得到一定程度（不一定是全

部)的发挥,就可以创造多于自己正常消费的财富。按照这一推理,任何图书馆都不存在人的能力和积极性缺乏的问题,而只可能存在缺乏使人的能力和积极性得到充分发挥的机制和环境。当今图书馆中所存在的种种影响人的能力和积极性充分发挥的因素,如领导作风、运转机制、管理制度、精神风貌等,大多是人为原因造成的。因此,要想提高图书馆管理水平,增强图书馆系统的活力,就必须大胆地清除影响人的才能和积极性充分发挥的各种障碍。图书馆可通过实行民主管理,建立平等竞争机制,制定公开、公平和公正的分配制度与干部培养、选拔、任用和考核制度,以及贯彻目标、责任、权力、绩效和利益五位一体原则等措施,来营造一种人才成长的优良环境。

三、能级原理

在图书馆管理活动中,人是决定性因素,所以要以人为本。但仅仅认识到这一点还远远不够。因为图书馆成员的知识水平、年龄、职称、学历学位、社会阅历各异,也就是说不同的人具有不同的能量,所谓"因人制宜""量才录用"即出于这种考虑,这就牵涉到了能级原理。

(一)能级原理的含义

能量是做功的本领。这种物理现象在管理活动中同样存在。人、机构和法规都有能量问题。能量既然有大小,就可以分级,就可以建立一定的管理程序、规范和标准体系。管理的能级是现代化大生产发展的必然产物,正是它构成了现代管理的"场"和"势",使管理得以有序进行。图书馆管理的任务之一,就是要建立一个与其要素的能量相对应的具有不同层次及能量的合理的结构体系,使图书馆的各要素及其行为动态地纳入相应的能级中,形成图书馆系统得以良性运行的"场"和"势",进而达到优化图书馆系统整体功能的目的。这就是图书馆管理能级原理的含义。

(二)优化图书馆的能级结构

优化图书馆的能级结构是图书馆能级动态优化的基础和保证。若对图书馆的能级结构形态做几何学考察,则一个稳定的图书馆能级结构应呈正三角形态。其特点是:上面(战略规划层)最小,中间(战术计划层)稍大,下面(技术操作层)最大。

管理组织的正三角形态属于全稳态能级结构系统,是现代图书馆管理较理想的能级结构形态。其典型特点是:①决策层令行统一,政出一门;执行层有章可循,有据可依,从而保证管理的路线、方针和政策能长期稳定地持续下去。②能满足管理智力和权力在质上递增、在量上递减的原则。③符合现代管理的投入—产出法则，可做到以最小投入实现最大产出。④便于发现各管理能级故障，职责明确，后果了然，有利于克服官僚主义瞎指挥、遇事推诿等弊端。

(三) 优化图书馆能级的动态

第一，不同能级的管理岗位必须具有不同的目标和任务。著名的"安东尼结构"曾将管理系统分为三个层次，即战略规划层、战术计划层与技术操作层。其中，战略规划层主要是考虑诸如管理系统的某一项目要不要上以及什么时候上等问题；战术计划层主要解决怎么上的问题；技术操作层的主要任务是更好地组织并保证实施操作。可见，各级管理岗位的目标和任务是不同的，因此，对不同级别的管理人员的要求也就不同。管理者的能力必须同他们各自的管理级别相对应，不可混淆。

第二，不同专业岗位的能级必须动态对应。每个人都有不同的能力和特长。管理者的责任就在于正确地认识和区别拥有不同能力与特长的人，并尽可能使拥有相应才能的人处于相应的能级岗位上，真正做到人尽其才，能释其量。但是，单靠主观愿望和死板计划不可能做到这一点。因此，必须保证人们在各个能级中适当地流动，通过各个能级的管理实践去发现、锻炼和检验其才能，实现扬长避短、各得其所。而且，专业岗位能级变化和人的才能变化之间的交叉效应，要求图书馆管理必须实行动态的能级对应。只有这样，才能发挥图书馆管理的最佳效能和效率，进而获得最佳管理效益。

四、动力原理

在图书馆管理系统中，确立了以人为本的观念，对人也划分了能级，这并不意味着图书馆管理活动一定会一帆风顺。因为人缺少了动力就不可能充分发挥其潜能，更不可能积极主动地去为实现图书馆的目标而奋斗。因此，动力原理也就应运而生。

(一) 动力原理的含义

动力的管理学含义是指推动管理活动向特定方向运动的力量。其意义和作用不仅在于使管理运动，而且在于使其非如此运动不可。

管理动力具有如下特征：①它不仅有大小、方向，而且有直接作用的目标；②它不仅是一种力量，而且还是一种强有力的制约因素，促使管理组织按特定方式、以特定速度和规模向特定方向运动；③它是形成管理组织有序运动的主要原因，是维持管理组织存在、发展和完善的必要前提。

现代管理理论强调，管理活动必须有强大的动力，尤其要求管理者要最优地组合、正确地运用管理动力，从而使管理能持续有效地进行下去，并趋向管理组织整体功能优化。这就是管理动力原理的基本含义。

（二）管理动力的形态

激发图书馆系统的高效能，推动图书馆管理行为高速做功并趋向图书馆整体目标，最基本的动力是物质动力、精神动力和信息动力。

1. 物质动力

图书馆管理的物质动力，是指通过一定的物质手段，推动图书馆管理活动向特定方向——最有效地满足读者的知识信息需求运动的力量。对物质利益追求而勃发出来的力量是支配人们一切活动的最初和最终的原因，因此，对图书馆人的物质激励是开发人员要素功能促使其加速做功的最原始、最基本和最重要的手段。

2. 精神动力

精神动力既包括世界观、人生观和价值观，也包括精神鼓励（如奖状、信任、关心、先进称号等），还包括日常的思想工作。

精神动力作为一种推动图书馆管理活动趋向优化目标的重要力量，已被越来越多的人所认识。这是因为，作为推动图书馆管理活动的精神力量，一方面它依赖于物质力量，并以物质动力作为其存在和发挥作用的前提；另一方面，若精神动力的质量好、目标取向正确而又发挥得当的话，则会对物质动力产生巨大的反作用。它不仅能大大地影响并制约物质动力的方向，决定物质动力发挥的速度、范围、持久性等，而且一旦它转化成每个人员要素的内心信念，就会对个体要素的行为产生深远而持久的影响。所有这些都是精神动力的独特作用之所在。值得一提的是，日常思想工作也是精神动力的一项重要内容。对图书馆管理活动而言，更要引起高度重视，因为图书馆对物质动力的运用是非常有限的。

3. 信息动力

图书馆管理的本质，从某种意义上讲，就是一个信息输入、存储、加工和输出的活动过程。信息作为动力，同其他动力一样，从特定的角度、以特定的方式推动着图书馆管理活动趋向特定的目标。信息量在迅速增加，而科学知识的老化周期则日益缩短。这种信息—知识的反向运动及其趋势对图书馆管理提出了特殊的要求。一个图书馆系统，为了维持自身的存在和发展，不仅要积极主动地输入、处理和输出各种信息，而且应不断地加大有效信息的输入和输出功率，只有这样才能立足于先进管理之列。图书馆的生存前提，既取决于它的信息加工能力和信息更新周期，也取决于它在向外部环境提供信息质量和数量的基础上所获得的用户市场。当然，在图书馆管理活动中，我们既要正确区分有用信息、无益信息和有害信息，又要注意保持信息量的度。

（三）正确运用管理动力

1. 管理动力的协调机制

由于图书馆管理的物质动力、精神动力和信息动力各自具有相对独立性，因此如何有机地组合、协调地运用这三类动力，就成为图书馆管理学需要研究的重大问题。

一般来说，管理行为在趋向系统整体目标的过程中，物质动力是其基础和前提，精神动力是其核心和灵魂，信息动力则是其必不可少的调节杠杆。三类动力各有自己的功用和意义，不可偏废。在不同的图书馆系统中，三类动力的地位和作用存在着各种各样的差异。即使在同一图书馆系统内，三类动力的地位和作用不仅会随着时间、地点和条件的变化而变化，而且在不同结构、层次之间也存在着区别。图书馆管理的任务之一，就是要及时洞察其变化，把握其差异，采取既合乎实际又行之有效的措施，促使这三类动力相辅相成，发挥综合效力。

2. 管理动力刺激量的科学运用

根据控制论，我们可以通过一定的外部刺激来获得图书馆系统的动力。即当图书馆系统及其要素的行为得到改善时，就予以鼓励、促进，这就是正刺激；反之，就予以惩罚、限制，这就是负刺激。从一定意义上讲，图书馆系统动力结构的优劣主要取决于正负刺激量的运用和比例。刺激量不当，就不能有效地贯彻管理动力原则，就不能发挥出图书馆系统及其要素的最佳动力。因此，图书馆管理者必须注意：①管理刺激应以实现目标为准；②注意刺激的时效性；③少用甚至不用定期刺激；④少用甚至不用固定刺激；⑤刺激应随人员要素不同而采取不同手段；⑥奖惩分明，奖惩结合，以奖为主。

五、效益原理

效益是管理的永恒主题。任何组织的管理都是为了获得某种效益。效益的高低直接影响着组织的生存和发展，图书馆管理自然也不例外。

（一）图书馆管理的效能、效率和效益

图书馆管理的效能是指图书馆管理系统所具备的实现目标的有效做功本领或有效行为

能力，它直接取决于图书馆管理系统的目标是否明确、结构是否合理以及图书馆人的积极性发挥得是否充分。

图书馆管理效率包括两层意思：一是指图书馆管理行为趋向系统目标的速度，即单位元时间内图书馆管理系统所完成的工作量；二是指图书馆管理系统完成单位工作量所需消耗的劳动量（包括知识和物化劳动等）。

图书馆管理效益是指图书馆管理系统为一定的目标、以一定的效率发挥其效能的结果或效果。

一方面，从动态过程看，图书馆管理效益是管理目标行为有效做功的结果，它表现为管理效能、效率和系统目标的函数。可用下式表示：

$$管理效益 = f（系统目标，管理效能，管理效率）$$

这表明：①图书馆管理系统的整体目标是管理效能和效率趋向管理效益的一个重要干涉变量。即使在管理效能大、效率高的情况下，如果管理的目标不明确或无目标，管理效益就低下或无管理效益可言；如果管理系统目标错了，则管理结果就是负效益，且效能越大、效率越高，系统整体的负效益也就越大。②由于目标变量可主要视其优化程度而在 $0 \sim 1$ 取值，因此，当图书馆管理系统的目标确定后，目标就转化为一个常量。③一个系统的效能主要取决于它的结构。一个图书馆管理系统在特定的时空内其结构是相对稳定的，因此，其效能也可视为一个常量。这时，上式可化为：效益 = f（效率）。即效益直接取决于效率，并是它的函数。

另一方面，从静态结果看，图书馆管理效益又主要由经济效益和社会效益构成。我们把图书馆管理系统所表现出来的内在价值称为经济效益，把图书馆管理系统对读者的价值称为社会效益。经济效益与社会效益既有联系，又有区别。讲经济效益是讲社会效益的基础，而追求社会效益又可以成为提高经济效益的重要条件。两者的区别主要表现在：经济效益较社会效益更为直接和显而易见，经济效益可以运用若干个经济指标来计算和考核，而社会效益则难以计量，必须借助其他形式来间接考核，图书馆管理活动在处理经济效益与社会效益的关系上，应该是统筹兼顾，最大限度地追求经济效益和社会效益的同步增长。既反对单纯追求经济效益而不顾社会效益的倾向，也反对片面讲社会效益而不讲经济效益的做法。当经济效益与社会效益发生矛盾时，应当从全局出发协调两者的关系，但基本的原则是要让经济效益服从和服务于社会效益。

（二）图书馆管理效益的决定要素

1. 生产方式

从根本上来看，图书馆管理效益是由生产方式决定的。一个社会的生产方式是这个社会劳动者与劳动资料的结合方式，它既是人与自然之间发生物质变换的方式，也是人与人之间的物质交往方式。在这两个方面都伴随着管理活动。在某种意义上，图书馆管理活动是生产方式的外在表现，有什么样的生产方式就必然会有什么样的管理活动。所以，生产方式既决定着图书馆管理的性质，也决定着图书馆管理的方式。图书馆管理具有什么样的性质和以什么样的方式存在，又直接决定着图书馆管理的效益。因此，生产方式从根本上决定图书馆管理的效益。

2. 管理者

管理者是管理主体，在图书馆管理活动中居于支配地位，起核心作用。管理者的思想观念、行为方式对图书馆管理效益的影响是十分明显的。这是因为，管理者的思想观念在管理活动中往往表现为管理的指导思想，这种指导思想又会支配管理行动，使其表现出特定的管理行为方式。管理者的思想观念、行为方式对图书馆管理效益的影响，是通过对图书馆管理活动的计划、组织、领导、控制和评价等职能和环节而实现的。

3. 管理对象

图书馆管理对象是由人、财、物、信息资源等要素组成的一个有机体系，其中，人是最重要的。尽管财、物、信息资源等要素的组合对提高图书馆管理效益具有不可忽视的作用，但这种作用只有通过人的活动才能实现。人的素质水平、工作责任心、主观能动性发挥的程度，往往决定着其他管理对象作用发挥的程度。

4. 管理环境

图书馆管理效益是通过有效的管理活动实现的，而管理活动又是在外部客观环境的影响下进行的，因此，管理环境也是影响管理效益的一个重要因素。影响图书馆管理效益的环境因素包括政治环境、经济环境、科学技术环境和社会心理环境。政治环境是指一个国家的政治形势、法律制度、路线方针政策以及国际局势；经济环境是指图书馆系统之外的经济发展状况，如市场、投资、银行信贷、税收、物价等，这些因素通过价值规律等方面的作用影响图书馆管理的效益；科技环境是指图书馆系统外部科学技术（尤其是信息技术）的发展状况，它通过影响劳动生产率来影响图书馆管理的效益；社会心理环境是指图书馆系统外部的各种社会心理现象，主要包括社会态度、社会期望、社会舆论、消费心理、从众心理等，它们通过对图书馆的精神文化、人际关系以及图书馆成员的心理行为产生影响从而影响图书馆管理效益。

弄清影响图书馆管理效益的因素对于提升图书馆管理效益具有重要意义：第一，可以使管理者提高认识，在图书馆管理活动中注重运用科学的管理方法和民主的管理手段，自觉地提高管理水平。第二，可以使管理者认识到人的因素对于管理效益的意义，注重调动人的积极性，提高人的素质，协调人们之间的关系，使人与物的结合方式达到最佳的优化状态。第三，可以使管理者树立开放的管理观念，不把眼光局限于自己的管理范围之内，而是在更广阔的视野中看待自己的管理范围，认识环境因素对图书馆管理活动的影响，自觉地利用一切有利的影响，避免不利的影响，从而大大提高图书馆管理效益。

第四节　现代管理理论与图书馆管理

随着网络化、数字化技术在图书馆的应用，图书馆的组织机构、工作模式发生了很大的变化，为适应现代图书馆发展的需要，图书馆管理必须吸收、借鉴现代管理理论发展的成果，进行图书馆管理的创新。

一、现代管理理论

一般认为，管理理论是以 1911 年泰勒的《管理科学原理》为标志而产生的，它的发展大致经过了三个阶段，即科学管理理论阶段、行为科学理论阶段和现代管理理论阶段。现代管理理论阶段主要是指第二次世界大战以后出现的管理理论。

现代管理理论具有以下特点。

第一，突出系统管理的思想。现代管理理论主张采用综合的管理方法与管理技术，从而使现代管理向着系统管理方向发展。

第二，重视对人的管理。现代管理理论无不涉及人的因素，如提出了"人本管理"和"能本管理"思想等，重视人的作用和人的积极性的发挥。

二、现代管理理论在图书馆管理中的应用

图书馆的管理也是在汲取国内外管理理论成果的基础上发展变化的。图书馆管理作为管理科学的分支学科，必须借鉴、吸收管理科学的最新成果，以丰富现代图书馆管理理论，指导图书馆的管理实践。在现代管理理论中，以下管理理论最适合应用于图书馆的管

理之中。

（一） 管理创新理论

创新是未来管理的主旋律，是人类社会进步的灵魂和持续发展的不竭动力，管理的实质就是创新。关于管理创新的定义目前还不统一，其中最具有代表性的是：管理创新是指创造一种新的更有效的资源整合范式，这种范式既可以是新的更有效的资源整合以达到企业目标和责任的全过程管理，也可以是具体的资源整合及目标制定等方面的细节管理。这种观点还认为，管理创新至少包括五个方面的内容：第一，提出一种新的经营思路并加以有效实施。第二，创设一个新组织机构并使之有效地运转。第三，提出一个新的管理方式方法。第四，设计一种新的管理模式。第五，进行一项制度创新。

知识经济时代，管理创新是图书馆生存和发展的需要与动力。图书馆要发展，就要树立创新意识，发扬创新精神，在创新中找出路，在创新中寻发展，把创新渗透于图书馆的整个管理过程之中。要充分发挥现代信息技术和管理技术的优势，以促进图书馆管理创新为着眼点，更新图书馆管理理念，再造图书馆组织结构和业务流程，引进先进的管理理论，实现图书馆的技术创新、人员创新和服务创新，为加快网络化、数字化图书馆的建设奠定良好的管理基础。

（二） 知识管理理论

知识管理理论是在知识经济发展的条件下产生的。它一经问世，就引起了管理界和企业界的极大关注，而且已付诸具体的管理实践。

知识管理作为新的研究领域，目前人们对它的认识还不一致，定义也不统一，尽管如此，但认为知识管理是以人为中心、以信息为基础、以知识创新为目标的基本观点却是不容置疑的。作为一种全新的管理理念和方法，与传统管理思想相比，它继承和发展了人本管理的思想，是以人为中心的柔性管理，并结合知识经济的发展予以创新。它以发挥人力资源的创造性为目标，致力于将组织内员工的智力资产转化为更大的生产力、竞争力与新价值。

知识管理把信息与信息、信息与人、信息与过程联系起来，不仅对信息的收集、存储、管理与传递进行系统的组织管理，更注重把握知识间的相互关系，创造一种隐性知识与显性知识互动的机制与平台，从而创造出新的知识去满足社会发展的需要，这不仅是知识管理的本质，也正是现代图书馆追求的目标所在。这说明知识管理的本质与图书馆的发展要求是一致的。因此，在图书馆管理中引进知识管理的思想，对图书馆挖掘知识资源，

推动自身的发展具有很重要的意义。通过实施知识管理，不仅有助于建立学习型图书馆，培养知识型馆员，而且还有助于建立图书馆的内外信息交流和知识共享机制，有效增加图书馆服务的知识因素，从而使图书馆的知识挖掘和知识导航功能得以实现。

（三）学习型组织理论

学习型组织是 20 世纪 90 年代发展起来的一种全新的管理理论，它建立在系统动力学的基础上。它的研究最早可追溯到 20 世纪 60 年代，其集大成者是美国麻省理工学院教授、著名的管理学家彼得·圣吉（Peter M. Senge）。所谓学习型组织，目前还没有一个统一的定义，一般是这样认为的：学习型组织是指通过培养整个组织的学习气氛，充分发挥员工的创造性思维能力而建立起来的一种有机的、高度柔性的、符合人性的、能持续发展的组织。这种组织具有持续的学习力，其综合绩效高于组织中个人绩效总和。按照彼得·圣吉的观点，学习型组织的内容主要包括五项"修炼"：修炼超越；改善心智模式；建立共同愿景；团队学习；系统思考。学习型组织的特征是：组织成员拥有一个共同的愿景；组织由多个创造性的团队组成；善于不断学习；柔性的、扁平化的组织结构；领导者的新角色。学习型组织的本质是要努力并善于组织全体成员进行不断学习。

学习型组织理论的问世引起了管理界和企业界的极大重视，并在企业实践中取得了良好效果。作为管理理论的新典范，它融合了当代终身教育思想，把学习作为组织的生命源泉，是当今最前沿的管理理论，建立学习型组织成了 21 世纪管理发展的新趋势。

学习型组织本身是一种宏观的管理理论，不仅适应于企业管理，也适应于国家、城市、学校及一切组织的管理，而且在很多领域已经有了成功的先例。它同样适应于图书馆管理，国外已存在基于该理论构建的学习型图书馆，如美国的亚利桑那大学图书馆和伊利诺伊州的北部郊区图书馆系统。学习型组织理论应用于图书馆管理可以增强图书馆人员的整体意识，培养馆员的协同工作精神；促进图书馆内部的知识流通与知识合作，促进隐性知识的显性化和知识的共享；改变图书馆的学风，提升图书馆个体和整体的知识学习能力，建立终身学习机制；它所倡导的"工作学习化、学习工作化"尤其符合图书馆的工作实际，是解决图书馆员学习与工作矛盾的良方。另外，学习型组织理论应用于图书馆管理中，还有助于实现图书馆的知识管理，对于虚拟图书馆和数字图书馆的建设以及图书馆团队精神的培养和图书馆的文化建设都具有十分重要的指导意义。

（四）能本管理理论

以人为本的理论，源于日本企业的实践。第二次世界大战后，日本经济迅速崛起，这引起了国际社会的广泛关注。人们通过对日本管理思想的研究，发现日本管理的理论基点是以人为本，重视人性，重视培育团队精神。管理者不再把人看成是单纯创造财富的工具，而是企业最大的财富、资本和资源。一切管理工作均应以调动人的积极性、做好人的工作为根本。与之相适应，人本管理理论就产生了。人本管理作为一种新的管理模式，体现了管理学与伦理学的融合，其核心是尊重人、理解人、爱护人、关心人、激发人的热情、满足人的合理需要。

从人本管理理论的产生背景可以看出，人本管理是一个体现时代特征和核心价值观的理念，其内涵也会随着时代的变迁而发生相应的变化。在知识经济时代，知识和能力成了新的价值观，基于此，西方管理理论又发展到了以"能力人"假设为前提的"能本管理"阶段。所谓能本管理，就是指以能力作为本位的管理理念，它是相对于物本管理和人本管理而言的，是人力资源管理的最新发展，它源于人本管理，又高于人本管理，是更高阶段、更高层次和更高意义上的人本管理。它将以人为本进一步明确为以人的能力为本，其内涵是通过采取有效的方法，最大限度地发挥人的能力，从而实现能力价值的最大化。尽管有些图书馆在努力尝试量化管理，但图书馆工作的性质决定了很难用量化的方式来考核工作绩效，而能本管理强调的是充分发挥每个人的能力，这为图书馆管理提供了新的思路。在图书馆管理中引进能本管理理论，可以开辟图书馆人力资源管理的新思路，为图书馆建立各尽所能的运行管理机制提供了理论支持。在这种机制下，可以才能选人才，按照人才特点用人才，把有能力有业绩的人推到重要的工作岗位上去，并实行按能绩分配，它不仅能有效地调动馆员的工作积极性和能动性，而且还有助于构建优秀的图书馆文化，营造一个能充分调动馆员智力潜能的环境。

（五）集成管理理论

集成管理源于计算机集成制造的概念，在企业管理中是指借助计算机把各种与制造有关的技术系统集成起来，进而提高企业对市场的适应能力。集成管理有两个基本的观点，即系统观和信息观，其核心是信息。处在信息时代的图书馆，作为信息产业的有机组成部分，其管理目标与管理方式与企业十分相似，因此在图书馆引进集成管理理论是非常适合当前图书馆发展实际的。

所谓图书馆的集成管理，就是将图书馆拥有的各种信息资源、技术资源和人力资源等进行整合与集成，为用户提供优化的服务。我们知道，在社会信息化程度普遍不高的情况下，复合图书馆的建设是比较现实的选择。所谓复合图书馆，是传统图书馆与数字图书馆有机结合、优势互补的统一体。复合图书馆的建设是一个复杂的系统工程，它作为一种全

新的图书馆模式，具有自身特有的运行规律和服务模式，复合图书馆的管理要以人为中心，以决策为基础，利用计算机、通信、网络、人工智能等技术，建立最优化的管理系统，以充分利用图书馆资源。因此在复合图书馆的管理中引进集成管理思想是非常必要的。图书馆的集成管理，可以将传统图书馆与数字图书馆的各种资源进行有机整合，统一成一个优化的综合体系，从而有利于实现图书馆各种资源要素的优化，提高图书馆管理效率，促进复合图书馆的良性发展。再者，对图书馆管理来说，集成管理理论不仅是一种管理理念，也是构成图书馆管理系统的方式，还是解决图书馆复杂系统管理的综合方法。它通过科学巧妙的创造思维，从适应现代信息环境的角度和层面来对待各种信息资源要素，从而扩大图书馆管理视野，增强图书馆管理对象的交融度，并能综合应用不同的手段促进各项要素、功能和优势之间的互补、匹配，使其产生"1+1>2"的效果，最终为图书馆催生出新的附加值、新的信息服务形态和多元化的系统机制。

第二章 图书馆管理的职能分析

第一节 图书馆管理的组织职能

一、组织的概念

组织既可以作为一个名词，也可以作为一个动词。作为一个名词，组织是指由两个或两个以上的人为了完成共同的目标而形成的集合体。作为一个动词，组织是指组织工作或组织职能。这里所说的组织是指管理的一种职能，即根据组织的既定目标、计划，对各项工作进行分类组合，设计职务、岗位，形成完善的组织机构，明确各岗位的职权和组织机构间的分工、协作关系，并对组织机构中的全体人员指定职位、明确职责，协调其工作，以最优的方式实现既定目标。

组织概念中的基本要素包括以下几项。

第一，明确的目标。组织必须有明确的目标，组织的各项活动必须服从于目标。

第二，根据目标实现的需要确定应进行的工作，并根据工作的性质将各项工作分类。

第三，科学分析各类工作，看它们是否可以进一步合并组合，然后设计出完成这些工作所需的职务和岗位。

第四，根据工作所需职务和岗位的性质设计组织机构。

第五，明确各岗位之间的责任，并赋予相应的权力，确定组织机构中各部门、各层级的关系。

第六，根据工作人员的能力，分配与工作要求相一致的岗位。

二、组织设计的基本原则

传统的组织设计遵循以下原则，现在这些原则需要加以修正，以更好地反映组织活动日益复杂多变的现实。

（一）劳动分工

传统的管理学家一直认为，个人从事专门的活动会提高劳动生产率，会使个人所拥有的特殊技能得到充分发挥。因此，传统管理是对组织中的各项工作按内容、性质的不同进行分类，作为组织机构设计的基础。然而在现代组织中，劳动分工所产生的负面效应越来越明显。首先，由于人们只从事一种劳动，心理上会感到极其单调，极易产生疲劳和厌倦，降低劳动生产率，致使劣质品增加；其次，人的技能被限制在一个领域内，无法进行全面发展，不利于个人的长远发展，也不利于组织培养未来的管理人才；最后，个人的工作与工作的最终效果被远远隔离开来，个人看不到自己工作的成绩，不知道自己对组织的贡献有哪些，也得不到相应的反馈来改进自己的工作，导致工作积极性下降。在这种情况下，人们逐渐认识到，扩大工作活动的范围而不是单纯从事一种劳动，反而可以提高工作效率。现代组织中所提倡的团队式管理、工作轮换等都是这一观点的实际应用。

（二）职权与职责

传统的管理理论认为，职权指的是与管理职位相关的权力，即由于身居管理职位才拥有的权力，这种权力是以规章制度的合法性为依据的。这一观点很符合马克斯·韦伯的行政组织理论，认为组织机构应有明确定义的等级，是一种非个人关系的组织模式，重视的是制度化权力，把组织职位中固有的权力看成影响力的唯一源泉，管理者是充满权威的，传统的管理理论将这种权力作为管理行政组织的基础，要求职权与职责相对等。现代管理理论的观点则认为，一个人不必成为管理者就可以拥有权力，权力也未必与一个人在组织中所处的地位完全相关，权力指的是影响人做决策的一种能力，职权只是更广泛的权力概念的一个要素。权力来源有多种，除了合法的权力外，还有依赖于惧怕的力量而产生的强制性权力，依赖于能给他人施以奖赏而产生的奖赏性权力，依赖于专长、特殊技能或知识而产生的专家性权力，依赖于独特智谋或个人特质而产生的感召性权力等。由于权力的来源多样，组织中的非正式管理者也会拥有权力，并对组织中的其他成员产生影响。因此，现代组织要重视组织中的非正式领导人的作用。

（三）管理跨度

管理跨度也称管理幅度，指的是一位管理者能够有效地直接管理或指挥的下属人数。传统的观点认为，管理跨度与组织层次有关，越是高层的管理者，管理跨度越小，即高层管理者的管理跨度要比中层管理者小，而中层管理者的管理跨度又比基层管理者小。而现在人们已经意识到，事实并不完全是这样。与管理跨度更具有相关性的是一些其他因素，因此研究这些相关因素成为研究管理跨度的主要内容。这些相关因素主要有：下属的单独工作能力、管理者的管理技能和经验、下属工作内容的相近性、工作任务的复杂程度、下属工作地点的相近性、管理者的管理工作量大小以及工作中是否使用标准程序等。

（四）组织部门化

传统观点一直认为，组织应对业务工作按内容和性质的不同进行分类组合，并在此基础上进行部门设计，不同的部门从事不同的工作。这种部门设计的方法称为职能部门化。职能部门化长期以来一直被认为是最合理的部门设计方式，除此以外，还有产品部门化、顾客部门化、地区部门化、过程部门化。但在现代社会中，顾客受到了充分的重视，顾客部门化得到了推广，即按照顾客的不同需求进行组织机构的设计。这种组织机构可以更好地监测顾客的需要，也可以对顾客需要的变化做出更快的反应。此外，原来僵化的部门划分受到了另一种形式的挑战，即团队式管理，这种管理方法是将各专业领域的专家组合成一个小组，以完成一项复杂的工作。采用这种管理方法，可以更好地完成越来越复杂、需要多个专业领域人员才能完成的工作。同时，团队式管理更加重视人的协作和良好的人际关系，团队中的每一个成员都从头到尾参与工作，会看到自己的工作成绩，得到及时的反馈信息，因此对成员具有重要的激励作用。

三、组织设计的形式

（一）直线型组织结构

直线型组织结构是较为早期的一种组织结构，是由某个层次的管理者全面负责该层次管理工作。这种组织结构权责分明、指挥统一、信息传递迅速，但对管理者的要求很高。因此，它只适用于小型组织，当组织规模扩大时，这种组织结构会对组织的发展形成一定障碍。

（二）直线—职能型组织结构

在这种组织结构中，为各层管理者配备参谋机构或专家充当参谋和助手，但这些参谋没有对下级的指挥权。这种组织结构的优点是专家们发挥专业所长，为管理者提供工作上的支持，弥补直线型组织结构的缺陷。缺点是由于各参谋机构追求职能目标而看不到全局的最佳利益，同时，这种组织结构也不能给未来的高层管理者提供有效训练的机会。

（三）分部型组织结构

随着组织的发展壮大，直线型组织结构和直线—职能型组织结构都无法满足组织不断更新的需要，这时又出现了分部型组织结构。这种组织结构是在高层管理之下，按产品、地区设置若干分部或事业部，每个分部或事业部一般都是相对自治的，由分部管理者对分部全面绩效负责，同时拥有充分的战略和运营决策权力。这种组织结构的优点是各分部有充分的自主权，能够较好地适应环境的变化；总部的高层管理者可致力于长远规划的制定。另外，这种组织结构也是培养高层管理者的有力手段。缺点是各分部各自行动会导致组织的资源重复配置，总成本上升；同时，分部的权力如果过大，会削弱本部的管理，各分部之间的工作协调比较困难。

（四）矩阵型组织结构

现代组织工作任务的复杂性较以前有了很大提高，很多工作必须依赖于各个专业人员的配合才能完成。但在分部型组织结构中，各分部之间的协调比较困难，因此出现了矩阵型组织结构，这种组织结构是按照工作任务的需要单独组建工作小组，专业职能部门派人参加，小组中的成员既接受工作小组的领导，又接受专业职能部门的领导。这种小组可以是临时的，也可以是永久的。矩阵型组织结构既保留了将职能专家组合在一起所具有的经济性，又避免了分部型组织结构中难以协调的困难。专家组合、专门化资源共享，促进了职能专家间的协调，明确了各职能活动对特定产品或项目有关的责任，同时，它也加强了一系列复杂的项目之间的协调。但矩阵型组织结构容易造成管理上的混乱，因为其在某种程度上违反了统一指挥的原则，职能经理与项目经理的关系有时会处理不好。

（五）网络型组织结构

网络型组织结构是一种较为新型的组织结构。在这种组织结构中，只有很小的中心组织从事最具有竞争优势的活动，而组织的其他业务工作如制造、分销、开发则依靠其他组织以合同为基础来进行。网络型组织结构赋予组织高度的灵活性，使组织只集中精力做它们擅长的事，缺点是控制能力较弱，某些由其他组织来完成的业务工作不易控制，如供应品的质量难以预料，交货期难以保证，设计上的新成果易被窃取。现代很多组织虽然不是完全采用这种组织结构，但在某种程度上应用了这种组织结构的设计思想，如将组织中的某些业务工作外包出去，以减少人力、物力的投入，依靠社会上的专业公司来提高工作效率和质量等。

（六） 附加式组织结构

附加式组织结构是在直线—职能型组织结构的基础上，成立临时任务小组，这样既保证了组织的发展处于一种稳定状态，又将专业人员和特定资源组合在一起，提高了组织完成复杂工作的能力。

四、组织设计中应注意的问题

组织设计中应注意以下问题。

第一，组织结构的设计应符合组织的发展战略。结构应当服从战略，如果组织的战略做了重大调整，那么就需要修改组织结构以适应和支持这一调整。

第二，组织结构的发展方向。今天的组织需要对快速变化的环境做出迅速应变，组织结构趋于向构成越来越精干、层次越来越简单、反应越来越灵活、人员越来越少的特点转变。扁平化是组织结构发展的方向。

第三，顾客在组织中的重要性。对于任何一个组织来说，顾客都占据着重要地位。通常大多组织是从自身的状况出发，依照职能进行组织结构的设计。现代组织需要重点研究顾客的需求，并按照顾客的需求变化迅速做出应对措施。因此，现代组织要按照顾客的需求进行组织结构的设计。

五、组织职能在现代图书馆管理中的应用

组织作为一项基本的管理职能，其核心问题是组织结构的设置，它对组织的人员安排、职权划分、管理跨度与管理层次等都具有决定性作用。所以对于组织职能在现代图书馆管理中的应用，要注意图书馆组织结构的现状、问题及一些可行性的改进意见。

（一） 图书馆组织结构的现状及问题

信息时代的图书馆服务无论是从思想观念到服务形式，还是从文献类型到读者和用户的需求，都发生了巨大的变化，传统的组织结构难以适应信息社会对图书馆服务提出的新要求，组织结构上存在的许多弊端亟待改善。这些弊端主要表现在以下几个方面。

1. 在业务部门的划分上存在着划分标准混乱的问题

我国大多数图书馆现行的组织结构是金字塔型、层级制、直线型、垂直式。事实上，这种组织结构的产生是因为早期的图书馆是以收藏图书这种单一的文献为主，因而按功能划分为采访、分编、典藏、阅览及流通等部门，基本满足了图书从进馆到使用的手工作业

的工作流程。随着期刊的问世和广泛利用，出现了期刊部；随着现代技术在图书馆工作中的运用，又增设了技术服务部……所以，传统的组织结构既按功能区分，又按提供文献载体的形式划分，其划分标准比较混乱。

2. 部门级机构设置较多，部门划分过细

不同部门业务工作差别很大，人员数量悬殊，多则几十人，少则只有二三人，难以引入竞争机制，不利于图书馆管理者对下级部门的领导，工作中部门与部门之间互相推诿，相互协调比较困难。与传统文献相关的部门划分得过细，浪费人力、物力、财力，制约了图书馆整体功能和图书馆馆员个体潜能的发挥。分编部、技术服务部与读者和用户接触的机会较少，难以发现工作中存在的问题，不利于改进工作方法和提高工作质量。

3. 人员分配不合理

传统的组织结构中从事采访、编目、典藏等技术性服务的工作人员过多，相对削弱了服务读者和用户的人员的比例。服务部门专业人员投入不足，服务工作难以深入、广泛地开展，难以完成文献信息服务工作从被动型向主动型的转轨。传统的组织结构束缚了图书馆在信息社会的发展，图书馆难以跳出"以图书为主，以收藏为主"的旧框架。

（二）图书馆管理组织职能的改进

组织结构的模式永远是相对的，它随着时代的发展、社会实践的不断变化而变化，固态僵化的图书馆组织结构只能成为图书馆事业发展的绊脚石。因此，适时改善、变革、更新图书馆组织结构是符合客观发展需要的。在图书馆组织结构的改革过程中，没有一劳永逸的方法，也没有可以固定套用的模式，各图书馆应根据自身的实际情况，采取符合本馆人力、物力、财力现状的改革措施，但有些原则是变革过程中应当遵循的，是对图书馆发展具有指导意义的，它们具体包括以下两点。

第一，认清现状，消除抵制心理。由于改革对图书馆馆员职业习惯、安全感和经济利益产生了影响，改革过程中会面临种种阻力。要客观分析图书馆组织结构变革中的阻力，管理者要认清哪些因素是可以改变的，哪些因素是不能变动的，将精力集中在可控因素，同时应提高图书馆馆员的参与程度，其参与程度越深，承担责任的可能性越大，从而使改革阻力越小。

第二，在组织结构的设计上，要将"以文献为中心"变为"以读者和用户为中心"。要强调图书馆具有"信息"职能而不仅是"文献"职能；要强调"服务"职能而不仅是简单地反映文献资料的"物流"过程；要强调"用"的职能而不仅是"藏"的职能。另外，今后读者和用户对文献的需求不再局限于整本图书、整篇文献，而是需要图书馆馆员通过智力劳动加工而成的信息情报，需要图书馆馆员将馆内资源与网络资源及服务有机地结合起来。可以根据读者和用户的专业需要将高水平图书馆馆员划分成若干个作业组，有针对性地对文献进行深层次开发，完成从资源引进到开发利用的一体化作业。

第二节　图书馆管理的领导职能

一、领导的概念

领导一词既可以作为名词，又可以作为动词。作为名词的领导指的是领导者，即那些能够影响他人并拥有管理权力的人。作为动词的领导指的是领导活动、领导职能，即在一定的社会组织或群体内，领导者为了实现组织目标，运用其法定权力和自身影响力，采用一定的形式和方法，率领、引导、组织、指挥、协调、控制被领导者去完成预定组织目标的行为过程。管理职能中的领导概念指的是后一种，它包括以下要素。

第一，领导是一种活动过程。这种活动过程不仅包括领导者，还包括被领导者和领导环境，因此，只有领导者一个因素无法开展领导工作，也无法衡量领导工作的有效性，领导工作必须在特定的环境中通过特定的被领导者才能开展。

第二，领导任务要通过被领导者的行动才能完成。领导者通过领导行为引导和激励被领导者去实现组织目标，但不是直接去完成工作任务，领导的效果取决于被领导者的活动，即被领导者是否接受领导。

第三，领导活动具有目的性。领导工作的开展需要围绕组织的目标来进行，领导者要根据组织的目标，有效组织各项资源，协调各项工作的开展，激发下属的工作积极性，领导工作的有效性要通过组织目标的实现程度体现出来，只有达到了组织目标的领导活动才是有效的。

二、领导的权力来源

对别人的行为进行直接指挥只是拥有正式权力的一种体现，能够影响他人行为和决策的都可以叫作拥有权力。如上所述，传统的管理理论认为，只有理性化、法律化的权力，才能成为管理的行政组织形式的基础，这种权力来源于组织任命的职务或职位。但现代管理理论认为，组织中不仅存在正式的权力，还存在非正式的权力，权力不仅伴随着组织中正式的职务或职位，还有其他来源。权力的来源有以下几种。

（一）法定权力

法定权力是指由于在组织中担任领导职位而拥有的固有的、合法的、正式的权力。这种权力伴随着组织中的职务或职位产生，无论是谁占据这一职位，都将拥有这一权力，这种权力是下属必须服从的，不仅有组织制度作为保障，而且人们由于受传统习惯的影响，会自觉服从这种权力。

（二）奖励权力

奖励权力是指由于可以为他人提供奖金、提薪、升职、赞扬、理想的工作安排等使人愉快的东西而产生的权力。这种权力来源于下属的需求，奖励的物质对下属来说越重要，激励的水平就会越高。但需要注意的是，奖励的数额要有所控制，因为奖励会提高下届的期望值，如果奖励一直很丰厚，那么当奖励减少的时候就起不到激励作用，甚至会使下属感到失望。

（三）强制权力

强制权力是指由于可以剥夺他人所喜爱的东西而对他人所产生的影响力，如扣发奖金、降职、批评甚至开除等，这种权力来源于下属恐惧感。一般来说，强制权力不能用得过多，否则会挫伤员工的工作积极性，影响和谐的工作气氛，导致员工产生反感，甚至离开组织。

（四）专长权力

专长权力是指由于拥有某种特殊技能或某些专业知识而形成的权力，这种权力来源于下属的信任，当领导拥有某项专业技能，能够在工作中指导下属时，下属就会对领导产生信任。因此，一般来说，领导应对工作有较为全面的了解和把控，能够在下属不能解决问题时给予帮助。

（五）个人影响权力

这种权力是指与个人的品质、魅力、性格、资历、背景等相关的权力，它来自下属对领导的尊敬。因此，领导应不断地加强自身修养，对待下属要胸襟开阔，公正民主，尊重他人，任人唯贤；在工作中要廉洁自守，正直可信，诚实坦率，要具有强烈的事业心、高度的社会责任感，勇于开拓、大胆进取；在重大事件面前，保持冷静沉着。领导者良好的道德品质有助于增强对下属的影响力。

（六）情感权力

这种权力是指通过与下属之间的感情交流，关心下属，从而赢得下属的尊敬和爱戴，愿意接受其领导的一种权力。它来源于下属情感和归属的需要。因此，作为一名领导，不仅要使用物质激励手段，更要重视情感激励，要真正关心员工的生活和工作，为他们营造良好的工作氛围、构建和谐的人际关系，让他们真正感到自己是组织中的一分子。

（七）参与权力

参与权力的拥有者不是领导者，而是与领导者或某权威人物有特殊关系的人物。这些人凭借这种特殊关系，可能会对他人产生影响，这种权力往往会导致腐败。因此，领导者在工作中应设法减少这种权力带来的不利影响。

三、领导效果的影响因素

领导工作的效果不完全是由领导者所决定的，它取决于三个相互作用的因素，即领导者、被领导者和领导环境。

（一）领导者

领导者是领导工作的主体，领导活动的进行是由领导者来开展的。领导者的能力、素质、知识水平、性格、品质、魅力等都与领导的效果有关。提高领导工作的有效性要从领导者做起，领导者要加强自身的道德修养，提高文化水平，在新的环境中要保持持续学习的状态。要丰富有关领导方面的知识，懂得如何开展工作，如何发挥下属的作用，如何进行计划、组织、决策，如何领导自己的组织发展。

（二）被领导者

被领导者是领导工作的客体，在领导工作中，虽然被领导者是受支配的一方，但对领导效果起着直接的决定性作用。因为领导者是通过领导被领导者来完成工作任务、实现组织目标的。无论领导者做什么，其效果都取决于被领导者的活动。被领导者的工作能力、经验、独立性、心理素质、是否愿意承担责任等都会影响到领导效果。对于一个工作经验不足、没有能力独自完成工作、急需获得帮助的下属来说，提供工作指导、监督是必要的，会收到良好的领导效果；但对于一个工作经验丰富、希望独自完成工作的下属来说，

工作指导和监督就成了多余的东西，甚至会引起员工的反感，降低工作效率。因此，领导者的领导工作要根据不同的被领导者来开展。

（三）领导环境

领导环境指组织的内部环境，它决定了领导方式的有效性。大量研究表明，没有一种领导方式在所有的环境中都是适用的，领导方式应根据环境的不同而不同。领导环境包含的因素有：工作的标准化程度、组织目标的明确化程度、组织中规章制度的健全程度、组织信息渠道的畅通程度、组织规模的大小、组织文化的强弱以及领导与员工之间的关系等。不同的领导环境对领导工作的要求是不同的。在工作标准化程度很高、规章制度又很完备的组织中，领导的直接控制就不用太强；而在组织目标不明确、规章制度不健全、需要下属发挥自己的能动性来解决问题时，领导者就有必要给予一定的指导。

四、领导职能在现代图书馆管理中的应用依据

从对西方领导理论的分析中可以看出一个大致的发展方向，即从品质研究到领导方式研究，再将领导方式与环境、下属的变量结合起来发展为权变的观点，西方的领导理论有其科学性，但也有些局限性，我们应对这两方面进行充分的认识，才能更好地指导现代图书馆的工作。

第一，单纯的领导者品质理论对解释领导行为具有一定作用，但并不充分，它忽略了领导者的行为和情境因素，对图书馆的领导来说，加强自己的修养是必要的，但不是唯一的，还要考虑到领导行为和所面临的环境，主要有图书馆馆员和图书馆两大因素。图书馆的领导必须根据环境的不同来选择相应的领导方式，采取正确的措施。

第二，菲德勒的权变领导理论提出，领导者要根据在组织中有利或不利的情况采取不同的领导方式。这一观点考虑了权变因素，有积极的作用；但他对个体的基本领导风格的确定过于简单，同时又认为领导者的基本领导风格是不变的，这一观点具有一定的片面性。豪斯的途径—目标领导理论对这一观点予以了修正，认为同一个领导者可以根据不同的情况实施任何一种领导风格。根据豪斯的观点，领导者的领导方式不是一成不变的。因此，图书馆的领导者应该不断加强自身的学习，掌握有关的领导理论和领导方法。

第三，利克特的参与管理理论大力倡导集体参与型的领导方式，提倡在领导工作中要关心人的情感。在现代图书馆管理中，需要树立以人为本的思想，利克特的参与管理理论具有较大的指导价值。图书馆应采取集体决策的方式，即让图书馆馆员参与决策，鼓励集体参与目标的确定；在领导过程中，图书馆领导对图书馆馆员应持完全信赖的态度，倾听和酌情采纳图书馆馆员的意见，在上下级之间灌输相互信赖的精神，可以充分地交换意见

和讨论问题；信息在上下级人员之间传递畅通；质量控制被渗透到图书馆的每个角落，并强调实行共同监督和自我控制。然而，利克特的参与管理理论还存在着片面性和静止性。领导生命周期理论较好地补充了这些缺陷，认为下属的成熟度会从不成熟向成熟发展，为了提高图书馆馆员的成熟度，图书馆需要大力开展培训工作。

五、领导职能在现代图书馆管理应用中须注意的问题

评价现代图书馆管理水平高低的指标有许多，领导者领导水平的高低肯定是其中非常重要的一项。一个现代图书馆，拥有一位懂业务、专业化，同时又有一定知名度的馆长，这应该是最起码的标准和要求。另外，图书馆领导在图书馆日常运营活动的管理过程中，还应注意以下两方面的问题。

（一）加强自身修养，发挥人格魅力

作为一名优秀的图书馆领导者，应至少具备三个方面的基本条件：一是知识，图书馆领导者应掌握管理学和图书馆情报学的一些基本理论知识；二是经验，图书馆领导者应有多年从事图书馆工作的经验；三是能力，包括技术、人事和综合全局这三项基本能力。除了以上这些基本条件外，作为一名优秀的图书馆领导者，还应有强烈的事业心和责任感，勇于承担社会责任；要有为读者和用户及图书馆馆员服务的热情，要带领图书馆馆员服务社会；要有与他人合作的意识，做好内外部资源的整合，提高图书馆的服务质量。

（二）不断改进领导方式和提升领导技能，在图书馆内部成员之间进行有效的沟通

沟通是互通信息、化解矛盾、保持组织持久活力的重要手段，图书馆领导应具备倾听的技巧，要经常与图书馆馆员进行交流，努力消除沟通中的障碍。另外，可在图书馆内部实行团队管理和时间管理，提高管理的质量和效率。

第三节　图书馆管理的控制职能

一、控制的概念

控制是为了使组织的活动达到预定的目标、保证各项工作按计划执行、纠正各种偏差的过程，也可以说控制是为了保证组织活动与计划相一致的一种管理活动。控制的基础是

计划，控制所依据的标准来自计划。组织所进行的工作，虽然是按照计划来进行的，但实际上，由于组织的内部条件和外部环境总是处于不断变化的运动状态，组织的活动与计划必然会出现各种偏差。控制工作就是将实际工作与计划加以对比，找出不同之处，继而探查偏差产生的原因，制定纠正偏差的措施并具体实施，使组织工作按计划进行。控制的目的并不是要保证计划一成不变，而是要保证组织的运行更有效率、更加符合客观环境的发展变化。因此，控制工作也是对计划工作的检验，当实际情况要求计划发生改变时，控制活动也会为计划的重新制订提供信息。

二、控制的过程

（一）制定标准

标准是控制工作中对实际工作加以评价的依据，指的是组织所期望达到的理想状态。从某种程度上说，它可以等同于组织的目标。组织目标的制定是计划工作的内容，因此计划是控制开展的前提，控制是计划实现的保证，二者存在着不可分割的联系。进行控制工作的第一步就是要找出对于组织来说比较重要的工作，然后对这项工作设定标准，并在组织中推行下去。

（二）对组织的运行进行监控，衡量实际绩效

要对组织中主要工作的完成情况进行衡量，衡量的指标要同所制定的标准统一起来，这样才能保证衡量结果与标准具有可比性，为下一步的工作奠定基础。衡量的方法有现场观察、统计报告、口头汇报、书面报告等多种类型，但无论使用哪种类型，都必须进行实际的调查研究，获取大量的真实信息。

（三）比较实际绩效与标准之间的偏差

通过比较制定的标准和组织的实际绩效，找出两者间存在的偏差，并将偏差反馈给上级管理者。管理者应特别注意偏差的大小和方向。偏差的方向有两种：一种是正偏差，即实际绩效超出了标准的要求；另一种是负偏差，即实际绩效低于标准的要求。无论是哪种偏差，都不能任其自由发展下去，要找到偏差的性质、偏差范围的大小以及偏差发生的时间和地点，最终确定偏差发生的原因。

（四）采取管理行动来纠正偏差或调整标准

偏差发生的原因会告诉管理者究竟是哪里出了问题。如果是标准制定得不合适，或在

计划阶段对信息获取不充分而导致组织在目标确定过程中出现问题，就应重新确定组织目标；如果是实际工作中出了问题，就应采取有效措施，规范组织行为，如重新设计组织结构、重新分配工作、进行人员调整、开展人员培训、重新分配资源等，一旦产生偏差，就要采取相应的纠正行动。纠正行动可分为立即纠正行动和彻底纠正行动两种。立即纠正行动是采用临时性方法，阻止问题继续发展；彻底纠正行动是将问题彻底解决，这是控制活动的目标。

三、控制的内容

（一）人员

管理者让员工按照其所期望的方式去工作是非常重要的。管理者是通过他人来实现组织目标的，员工只有按照计划去工作，组织的目标才能实现。管理者对员工的控制方法主要有直接巡视和评估员工的表现。直接巡视是一种较为直接和强硬的方法，一般来说，员工处于被巡视的状态中，工作总是比较努力的；评估员工的表现是一种间接的、缓和的方法，通过对员工工作绩效的评估，员工了解到被期望的绩效和工作中的不足，产生心理上的压力，从而按照管理者所期望的方式工作。要使员工按照管理者所期望的方式工作，还可采取以下方法：认真筛选员工，保证员工的能力符合职务的需要；员工参与确定组织目标，充分考虑他们自身的意愿；对员工的工作进行直接监督；开展员工教育和培训，增强他们工作的主动性、积极性；开展绩效评估，并将劳动报酬与工作绩效挂钩；建立良好的组织文化等。

（二）财务

财务控制的目的是降低成本，并使资源得以充分利用。对于图书馆来说，主要组织目标之一是提高运营管理经费的利用效率，图书馆的运营管理经费比较有限，而且存在着一定程度的管理不善的问题，图书馆要加强对运营管理经费的统筹规划，同时保证各种工作设备得到充分利用。

（三）业务工作

组织中各项业务工作的开展需要管理者的评价和控制，对各项业务工作的考察可以准确获知组织转换过程的效率和效果，包括工作是否按计划进行、是否偏离了目标，工作进度是否符合规定，产品的质量有没有保证等。

（四）信息

组织活动的开展需要大量的信息，控制工作要保证在正确的时间、以正确的数量、为正确的人提供正确的数据。这样可以提高工作效率，减少低效工作。

四、控制职能在现代图书馆管理中的应用

图书馆作为一个完整的、系统的组织，应该建立独立的控制系统。

（一）完善统计制度

图书馆系统的各种统计数据是该系统运行状态的反映，是反映图书馆工作开展情况的依据，也是最基本的反馈信息。统计数据除了包含馆藏文献、运营管理经费、人员、馆舍、读者和用户等基本项目数据和采购、编目、流通等重要项目数据外，还应增加分析项目数据，并与上一年度的数据进行对比。统计工作要有专人负责，按时将统计数据反馈给控制系统，以供领导决策。

（二）重视对读者和用户的调查

图书馆管理的最终目的是最大限度地满足读者和用户对各类文献的需求，即在适当的时间为适当的读者和用户提供适当的服务。读者和用户的评价是非常有价值的反馈信息，应予以高度重视。不能停留在被动接收信息上，应主动去获取。一般采取的方法有：组织综合性和各类专题性抽样调查，直接听取读者和用户的评价等。

（三）充分实行民主管理

吸纳图书馆馆员参与组织决策等管理活动，对管理工作实施监督，做出评价，并及时向控制系统提供反馈信息。具体操作过程中，可采用召开民主讨论会方式，对每一项决策内容先征求图书馆馆员的意见，然后集中采纳正确的意见。另外，还可以开展民意测验，成立相应的监督机构等。

第四节　图书馆管理的评价职能

一、图书馆评价概述

（一）图书馆评价的由来

人的一切活动都是大脑参与的有目的的活动，而且能对以往的活动结果进行审视，总结经验教训，在此基础上，确定更多的目标。审视以往的活动结果，就是一种评价思想。评价是和有目的的活动紧密相连的孪生兄弟，它根植于人类思维的底层，参与人类各项有目的的活动。图书馆作为人类社会的一种社会文化教育机构，起着保存人类文化遗产、传递知识信息的作用，其工作是一种有目的的活动，因此本身就包含评价。可以说，随着图书馆的产生，图书馆评价思想就已经产生了，但是早期的评价注重的是图书馆工作对象，而对图书馆工作本身的评价是近代的事。

（二）图书馆评价的含义

关于评价的概念，众说纷纭，尚未取得一致意见。即使在我国引入最早的教育评估时，目前也是莫衷一是，没有定论。这是由于理论体系尚未形成之故。在现代科学背景下，考察图书馆评价的实质及其由来，我们认为，图书馆评价的科学含义应是：根据图书馆价值观的目标函数，采用科学的方法来测量图书馆的功能属性及其转为主观和客观效用的行为。

通俗地说，图书馆评价就是系统地有步骤地测量、描述图书馆的工作过程与结果，据此判定是否达到了所期望的图书馆目标的过程。其实质就是测量、判断图书馆目标的实现程度。由此亦可看出图书馆评价的几点特征：评价工作是一个"过程"，是一个包含有一系列步骤和方法的连续性活动；是一种以科学的理论和方法为指导的、系统的、正式的过程，这一过程的中心永远是对评价对象的价值判定。从历史发展来看，评价图书馆工作，有一个从封闭到开放、从片面到全面、从不完善到完善的逐步发展过程。

图书馆评价，分宏观评价和微观评价。宏观评价是对一个国家、一个地区图书馆工作的能力、水平、质量和社会效益的评价；微观评价主要是对具体的图书馆和具体的图书馆工作的评价。要根据不同的级别和不同的对象，制定具体的评价标准。

宏观评价，其标准是图书馆事业管理的国家职能。其一，直接的宏观控制、管理和干预图书馆活动。其二，对微观图书馆活动的共同外部条件进行管理，为各种图书馆发展提供必要的外部保障。

微观评价，其标准主要是各个图书馆的办馆条件、服务水平、功能的发挥和满足读者需要的程度。

图书馆评价，既要考虑整体图书馆事业的宏观层次，充分发挥图书馆整体功能的社会效益，也不能忽视作为单个细胞的图书馆自身的微观评价，它也是影响整体的重要因素。

（三）确立合理的图书馆评价观念

评价图书馆的基本尺度应当建立在图书馆的外部作用上，而不仅仅反映在图书馆自身状态中。即图书馆评价，不单看图书馆的数量、文献的储藏量、干部队伍的素质，而应着重于图书馆的外向功能。诚然，图书馆馆藏数量多少和文献拥有状况是图书馆社会作用发挥的基础，在某种意义上也能体现事业的发展。但增加图书馆数量和文献收藏量并不等于外部作用能力的同步增强，只有促进了社会对文献资源的开发和利用，这种发展的社会价值才能体现出来。因此，要以提高图书馆效益为核心，以最大限度满足社会日益增长的知识信息需求为目的。图书馆评价，必须把满足社会需要作为依据和方向，以提高社会功能为中心；不仅追求图书馆事业规模的自身发展，而且要追求现有规模图书馆外向功能的拓展。

（四）图书馆评价的作用

1. 提高图书馆管理水平，促进图书馆整体工作的优化

现代图书馆科学管理的最本质特征是管理系统化。由于我们所开展的评价是在充分考虑图书馆系统内各环节、各层次之间的固有联系，根据图书馆的现状和现实工作目标的差距，区分现实各项工作目标的优化次序的基础上，对图书馆各项工作的综合评价。这种评价的结果能起到促进图书馆整体工作优化的作用，促使各级业务主管部门和各馆从系统化管理的角度来全面考虑如何改进和加强图书馆工作。

2. 有利于加强图书馆学理论的研究

图书馆评价既是图书馆学的一门分支学科，又由其自身特点决定了它和图书馆工作的密不可分性。随着评估工作的开展，必将引起图书馆学有关理论的讨论。如图书馆的战略目标、工作目的、系统功能、图书馆工作水平和效益指标、定量化研究等问题。这些讨论

将促进图书馆学的理论研究工作，并使之和图书馆实际工作紧密联系起来。

3. 为实现图书馆立法创造一定的条件

通过评价了解图书馆现状，评判图书馆的工作水平，确定开展图书馆工作所需的基本条件，逐步明确图书馆的性质、目的、任务以及图书馆应达到的工作要求和发展速度。而这些内容也正是图书馆法所要确立的基本内容。随着评价的开展和深入，必将促进图书馆事业的制度化、科学化，为图书馆立法打下基础。

二、图书馆岗位评价

图书馆是一个学术性服务机构，其学术性和服务性的特点决定了人员层次的多样和岗位要求的差异。只有认识和研究这些差异，进行岗位评价，才能使我们更清楚、更明确地认识图书馆的岗位，才能更好地开展岗位培训、岗位考核、岗位聘任等工作。

（一）图书馆岗位评价的意义

图书馆岗位评价，就是在对图书馆各个专业技术岗位进行调查分析、获取充分资料的基础上，测定图书馆各个专业技术岗位之间相对价值的一种工作。

图书馆岗位评价有如下意义。

1. 图书馆岗位评价是机制建立和转换的条件

图书馆进行劳动人事工资制度改革的目的，不是简单地制定一种馆内工资制度和考核办法，而是要真正改革过去体制下的绝对平均主义和论资排辈的传统观念，真正建立一种适应社会主义市场经济的、与国家整体工资制度改革相配套的馆内劳动人事工资制度，能够在聘任中逐步实现评聘分开、竞争上岗，鼓励职工积极进取、刻苦钻研、努力工作。这种馆内竞争机制的建立与转换，需要有较科学的理论依据，而图书馆岗位评价正是这种转换的必要条件和理论依据。

2. 图书馆岗位评价是按劳分配的前提

较充分地体现按劳分配的原则，是图书馆内部管理体制改革的目标之一。随着社会主义市场经济的不断完善，与之相适应的按劳分配制度也正在逐渐建立与完善之中。岗位评价能够为制定合理的馆内工资制度提供较为客观的依据，逐步实现按劳取酬、多劳多得的按劳分配原则。

3. 图书馆岗位评价是深化改革的基础

建立和完善一种馆内劳动人事工资制度，是一个长期、渐进的过程。图书馆事业的不

断发展要求岗位不断变化且与之适应，这是图书馆深化改革的需要。因此，根据图书馆发展的要求，不断进行岗位评价，能够进一步优化岗位、改进程序、明确分工、划清职责、理顺关系，以提高工作效率和工作水平。

（二）图书馆岗位评价的原则

在评价图书馆专业技术岗位时，应该坚持以下几个原则。

1. 服务第一的原则

从本质上看，不管图书馆的学术性有多高，它仍是一个服务性机构；衡量一个图书馆的水平，其主要标准是服务水平的高低。因此，在岗位评价中，我们的注意力应放在服务上，应着力于不断提高服务质量和服务水平，研究工作也应着眼于图书馆服务水平的提高。

2. 两头倾斜的原则

在方案制订特别是系数选择时，应注意向图书馆内相对专业技术水平较高和相对劳动强度较大、劳动环境较差的岗位倾斜。

3. 人员馆内外流动和政策导向统一的原则

随着聘任制的实施，自然会形成馆内外的人员流动，这些流动是不会以管理者的意志为转移的。因此，在考虑岗位级别时，应注意市场的变化，但与此同时，评价又要带有一定的导向性，不能盲目地跟着市场走。这两者应是统一的。

（三）图书馆岗位评价的方法与步骤

1. 岗位的确立与调查

在对岗位进行评价的时候，首先要对全馆的专业技术工作进行划分。按照工作性质和业务流程明确职责、理顺关系，决定岗位的取舍。在划分岗位时，应注意以下几点。

（1）岗位分解要细。岗位是图书馆业务工作流程中的最小单位，为了严格区分工作职责，岗位划分一定要划到最小，要把岗位工作和人均工作量区分开来。例如，阅览室工作，一般被看作一个岗位，不管工作人员多少，也不管职称高低，反正大家都做同样的工作。我们认为，这是极不合理的。一个阅览室的工作虽然千头万绪，归纳起来不外乎四项：室藏建设、目录组织、宣传咨询、值班出纳。规模小的图书馆，其阅览室也许只有除目录组织之外的三项工作，工作时可能既有分工侧重，又有合作。因此，我们认为阅览室应该根据实际情况设计4个或3个岗位，再根据阅览室大小、编制多少实行分岗或兼岗。

这样，阅览室就可以根据工作特点和岗位要求的不同，分别聘任不同专业技术职务的人来承担相应的岗位工作。

（2）岗位划分既要符合图书馆工作的规律，又要不断适应图书馆的发展。图书馆工作是一项专业性很强的工作，在长期的工作实践中已经形成了一套完整的工作流程和业务规范，在岗位划分时应予以充分重视。同时，图书馆又是一个不断发展的有机体，岗位划分又要不断满足发展的需要。例如，从借阅分工到藏借阅合一，从期刊"一条龙"到书刊合一，等等。

（3）岗位划分要体现层次与水平的区别。长期以来，我们比较强调书馆工作是为教学和科研服务的工作，无高低贵贱之分，但忽略了另一方面，即图书馆工作还有层次水平的区别。因此，在岗位划分上应一分为二，既要体现服务目的的一致性，又要考虑工作过程的特殊性。仍以阅览室岗位划分为例，阅览室四个岗位的权重是按其业务要求的高低层次依次递减的，即"室藏建设"的岗位要求最高，其次为"目录组织"和"宣传咨询"岗，"值班出纳"的岗位要求最低。

岗位调查研究是岗位评价的基础，也是成败的关键。岗位调查是对专业技术岗位的工作内容、工作质量和职责等情况进行全面细致的了解过程。具体包括以下五个方面：一是工作性质、地位与责任；二是业务技术水平、程序和工作量；三是工作环境、范围与地点；四是劳动时间、班次形式；五是其他方面。

2. 制定岗位说明书

岗位说明书是在岗位调查的基础上，对调查所得的资料进行分析整理、记录而成的，它是岗位评价的依据。岗位说明书应包括以下几方面内容。

（1）岗位主要职责及考核指标。岗位职责部分即逐项列出任职者的工作内容，它是岗位说明书的重点。有的还增加一栏，说明本岗位在本馆中的责任相对重要程度及其失误的影响，并予以量化。考核指标部分包括考核的指标及其权重。如果已出台了具体的考核办法，可将本部分省略。为了让员工在明确工作职责的同时，清楚自己努力的目标，应尽量在此加以说明。

（2）任职资格条件。可细分为三个方面：一是任职者的思想、心理、身体、知识、能力等素质要求；二是任职者所需的最低学历、工作年限、工作经验（从事过的岗位）、职称要求等；三是任职者所需的培训要求（应说明培训的内容、方式、时间等）。

（3）岗位劳动强度。指在特定岗位上从事工作所需付出的体力、脑力和精神上的努力程度。它与工作内容、工作环境、工作时间等因素密切相关。劳动强度的高低直接影响员工的工作负荷、身心健康和工作效果。

（4）岗位劳动环境。指从事特定岗位工作时所处的工作环境条件。这些条件可以包括物理环境、安全措施、卫生条件和工作氛围等。

3. 图书馆岗位评价指标体系

在劳动经济学中，岗位劳动评价的指标是千差万别的，但归纳起来，核心不外乎三个方面：劳动性质、劳动强度和劳动条件。根据图书馆专业技术岗位的特点，我们认为指标体系应分为三个方面。

（1）岗位劳动性质。它是指图书馆某一岗位工作所需专业知识、语言水平的熟练程度和复杂程度。在图书馆专业劳动过程中，这种程度的量化累积可以区分出质的不同。

（2）岗位劳动强度。它是指图书馆某一岗位劳动的紧张程度、繁重程度和劳动对象的复杂程度。从图书馆劳动本身来看，劳动强度不同，不仅劳动者的体力和脑力的消耗程度不同，而且劳动的愉快程度和岗位的流动程度也大不相同。

（3）岗位劳动条件。它是指图书馆某一岗位劳动中所依赖的劳动工具和劳动环境。随着图书馆现代化进程的不断加快，图书馆劳动手段将得到很大改善，技术装备的好坏和劳动环境的优劣同劳动强度有着密切的联系。在确定指标体系的过程中，要考虑各部分的比重关系，确定不同的权重，这是一个反复研究测算的过程。

4. 评价方法

评价指标体系确定以后，评价方法有很多种，可以选择其中的一种或几种。我们认为采取综合分析比较和量化计分相结合的办法比较好。这是因为图书馆岗位评价指标大部分是非量化指标，是大量工作实践的积累，因此，综合分析比较的方法，可以得出比较正确的结论。但是，评价的目的是要找出岗位间的异同，所以在分析比较的基础上通过统计计分的方法，最后得出结论。

具体做法是：先确定最高等级的最高分数，再将体系中各指标确定一定的分数值。选择熟悉图书馆各岗位工作的人员对所有岗位进行评分，最后按照分数多少划分自然等级，或者按照预先给定的分数标准，划分岗位等级。

三、图书馆馆藏评价

（一）馆藏评价的内涵与目的

馆藏评价也称藏书评估，就是对图书馆现有馆藏体系所具有的各个属性进行检测、评定，包括对馆藏数量、馆藏结构、馆藏本身的学术价值以及馆藏使用效果等各个指标进行综合分析与总体评价。

馆藏评价是图书馆馆藏发展工作的基本内容之一，也是馆藏发展中重要的一环。它的重要性不仅在于通过评价正确描述馆藏，并获得有关馆藏的范围、深度、可支撑教学和科学研究程度等可靠信息，而且能确认馆藏的强弱，把过去一个时间段里馆藏发展工作的情况反馈给图书馆员，为制定或修改馆藏发展政策以及开展馆藏补充、复审、滞书剔除等一系列工作起到直接或间接的指导作用。具体而言，馆藏评价具有以下作用。

第一，了解馆藏发展是否符合图书馆的方针任务，对图书馆过去一个时期中的馆藏发展状况进行回顾与总结，了解图书馆是否能满足读者对文献信息的需求。

第二，提供客观、标准化的馆藏状况信息，帮助管理者做出正确的判断，确保馆藏文献资源得到有效的利用。

第三，向上级部门和读者显示图书馆的价值。

第四，作为向上级部门申请增加经费的依据。

（二）馆藏评价的指导原则

馆藏评价应遵循下列原则：第一，根据图书馆的实际情况进行馆藏评价。评价的对象，可以是馆藏的一部分，也可以是全部馆藏。例如，可以单独对馆藏电子资源进行评价。第二，根据图书馆的不同需要，采用不同方法对馆藏进行评价。例如，可以从馆藏数量、馆藏质量、使用状况和使用成本等方面进行评价。第三，馆藏评价应有利于与图书馆主管部门、大众媒体和相关部门之间的交流，使他们了解馆藏发展和图书馆服务的情况。第四，以图书馆的发展规划和读者的知识信息需求为依据进行评价。第五，馆藏评价应有利于与其他图书馆的交流、协作，促进文献资源共建共享。

（三）馆藏评价的范围

馆藏评价的范围是经过图书馆选择、加工和组织的各种类型文献，包括：①图书馆收藏的各种印刷型文献。②图书馆收藏的各种音像制品和缩微制品。③图书馆具有所有权的电子文献，如各类数据库的本地镜像、光盘等；图书馆自建的特色数据库、本馆印刷型文献的数字化制品。④图书馆购买了使用权的非本地镜像的电子文献，如全文电子期刊、电子图书、电子百科全书、文摘和题录数据库、事实数据库等。⑤经过图书馆整理加工的网上免费信息资源。

（四）馆藏评价的程序

图书馆在实施馆藏评价工作时，一般应先成立图书馆馆藏评价委员会（小组），由图书馆馆长或分管馆藏发展工作的副馆长主持馆藏评价工作。该委员会（小组）的成员应由来自文献采访、典藏、参考咨询和流通等部门的、具备丰富专业知识和实践经验的图书馆员组成。

在馆藏评价前，应事先确定本次评价的目的和希望达到的目标，并据此选择合适的评价方式和馆藏评价的范围。如果馆藏评价中需要做抽样调查，应尽量保证调查样本的正确性和代表性。图书馆馆藏评价委员会（小组）应在有关信息的收集、分析与研究的基础上客观评价馆藏情况，撰写馆藏评价报告。馆藏评价报告应呈交图书馆理事会或图书馆工作委员会，并在一定范围内公布。

四、图书馆服务评价

（一）图书馆服务评价的标准

图书馆服务评价是指在一定的价值观指导下，用一定的技术和方法收集图书馆整个服务系统或某种服务形式、某种服务产品的信息，并依据所获得的这些信息，对服务过程和效果做出客观的衡量和价值判断的活动。

由于图书馆提供的大部分服务是无形的，涉及的因素是复杂的，服务的效果有些是直接的，有些是间接的，有些是明显的，有些是潜在的，因此，评价图书馆服务的标准应该有多种，既有定性分析，又有定量分析。如果以满足读者需求为宗旨，则主要包括以下四个方面。

1. 读者满意度

读者的评价是检验图书馆服务水平的重要标准。其内容有以下四点。

（1）环境。图书馆环境清洁、整齐、安静、舒适。

（2）人员。馆员热情、认真、主动，有专业能力。

（3）设备。图书馆设施先进、齐全，能满足功能需要。

（4）文献。图书馆文献资源符合该馆的性质与目标，数量多，质量好，有特色。

可分为很满意、满意、一般、不满意、很不满意5个等级。可以发放读者调查表，让读者对图书馆的服务做出评价。

2. 吸引读者率

此处所说"读者"，既包括来到图书馆的读者，也包括吸引利用本馆网上资源的用户。吸引读者率是指在一定时期内，图书馆实际服务的人数除以应该服务的人数的比率。可根据图书馆不同的性质和规模、历史和现实条件，分为优秀、合格、不合格等级，评定图书馆吸引读者的状况。

3. 文献利用率

（1）流通率。一般情况下，每种图书流通的次数越多，其使用价值就越大。这里所说的"书"，不仅指纸质文献，也包括电子文献，还包括网上资源。文献流通率，是在一定时间内读者实际使用的文献数除以馆藏文献总数的比率。应根据图书馆的不同性质和规模，以及历史和现实条件，确定优秀、合格、不合格的等级。

（2）主动性。图书馆不仅要被动地满足到馆读者借阅需要，还要主动地"为人找书，为书找人"，提高文献利用率。图书馆要做好宣传工作，做好参考咨询工作，满意地答复读者提出的问题。应该根据每个服务项目的性质和难易程度给予不同的评估级别，例如，难度大为优秀，难度较大为良好，难度一般为合格。

（3）速度。图书馆不仅向读者提供文献，而且要使读者尽可能快地得到所需要的文献，这就要求提高工作效率。应根据不同类型和规模以及服务项目的难易程度，确定一定期限的评估标准。

4. 主观努力度

由于各种因素，各图书馆所处的环境和具备的条件是不相同的。一般情况下，条件好的，取得的成果就大。但在相同条件下，有的工作搞得好，有的搞得不好，甚至条件不好的比条件好的工作搞得还好，这与发挥主观能动性有很大的关系。因此，评价努力程度是必要的。可分为3个等级。

优秀：充分发挥主观能动性，克服了职责范围内难以克服的困难，超额完成任务。

合格：发挥主观能动性，通过努力按时完成任务。

不合格：没有发挥主观能动性，努力不够，工作没有起色，没有完成任务。

在对一个图书馆的服务进行综合评价时，应是读者满意度、吸引读者率、文献利用率、主观努力度4个因素的综合值，但这4个因素又不是等值的，应有一定的比重权数。一般情况下，读者满意度、吸引读者率、文献利用率、主观努力度之间的比重权数可为5:2:2:1。因图书馆的层次、规模、条件等不同，比重权数也可按书馆服务评价中的职责分配调整，如6:1:2:1或7:1:1:1。

（二）图书馆服务评价中的职责分配

制定服务评价标准的目的是进行评价，但评价只是手段，不是目的，根本目的在于提

高服务水平和质量，更好地满足读者的需求。评价的过程实质上是一个实行服务质量管理、提高服务质量的过程。在这一过程中，处于不同位置的部门和人员，有着不同的职责。

1. 行政主管部门

图书馆的行政主管部门是图书馆服务质量管理的领导者和监督者。它的职责是：制定标准、监督执行标准和组织评估。作为行政主管部门，应根据本系统图书馆的方针任务，组织有关人员制定本系统不同层次图书馆服务标准，了解并监督下属图书馆执行标准，并采取一定的方式和步骤进行评估。要给下属图书馆创造一个执行标准的良好环境，并给予必要的条件保证。

2. 图书馆管理者

图书馆管理者是执行标准的主要责任人。他的职责是内求团结，外求支持，保证目标的实现。他要与其他管理人员一道，认真学习和把握标准的精神与要求，分析本馆的状况，了解读者的需求，在全体员工进行讨论的基础上，确定全馆目标和任务，然后层层分解，落实执行。在执行过程中充分发挥图书馆员的积极性，并根据需要进行员工培训，及时了解执行情况，必要时进行适当调整。为了保证目标的实现，还要积极寻求外部有关部门和人员的支持与合作。

3. 图书馆馆员

图书馆馆员是服务的主体，是提高服务质量的实践者。其职责是树立服务质量意识，愿意并有能力按照标准为读者提供服务。特别是直接接触读者的第一线工作人员，要有自己是代表图书馆的形象意识，积极主动与读者交流，让读者得到方便、准确、高效的服务。其他人员也要树立质量意识。一些问题虽然是在第一线暴露出来的，但实际上是内部造成的。如果资源短缺、藏书结构不合理、管理混乱，第一线人员再多的微笑也解决不了问题。只有全馆共同努力，才能保证目标实现。

4. 读者

读者是服务质量的最终裁判，他们的职责是对图书馆的服务质量进行客观、公正的评价。

五、图书馆效益评价

（一）图书馆效益的含义及特点

所谓效益，是指一定的人类劳动与其所带来的收益（有益效果）相比较所得的结果。

它有两种类型：经济效益与社会效益。经济效益是指一定的投入与其所带来的收入之间相比较得出的结果；社会效益是指某种社会活动所产生的有益于社会进步的效果。图书馆效益也是如此。

图书馆以收集、加工整理、传递和利用人类文化知识财富，向读者提供有用的文献信息为基本职能服务于社会，而社会总是要求高效地开发和利用图书馆所拥有的文献信息资源，以提高其经济和社会效益。所谓图书馆的效益，就是图书馆功能的反馈，也就是说，图书馆效益是图书馆各项工作所产生的社会、经济影响。

1. 非营利性

同其他机构服务相比较，图书馆具有明显的非营利性。

图书馆活动的目的是不断地满足读者日益增长的文献信息需求，是以收集、整理、传播、研究、开发文献信息服务于读者的公益性机构，而不是以取得经济利润为主要目的。它肩负传播、普及和提高人类科学文化知识以及促进社会发展的重大使命，即使当今图书馆开始越来越多地执行知识信息的生产职能，其生产目的也绝不是取得经济利润，而是体现当今图书馆服务方式及手段向多功能型发展的趋势。

2. 外部性

外部性是指当一个行为主体的行动直接影响另一个或另一些行为主体的福祉（即快乐的程度）时，我们就说前者的行动对后者具有外部性。众所周知，图书馆的一切输入都是为了输出知识信息，也就是让读者利用图书馆。这一过程从表面上看来只涉及读者和图书馆双方，但其影响范围已远远超出了这两个方面。由于图书馆使读者获得了新知识和精神上的充实，在某种程度上改善了他们的思维和思想，使他们的行为能够为社会服务；与此同时，他们良好的精神面貌也会间接地影响他人的思想和行为，使得整个社会的道德风气和精神面貌也向更好的方向发展，受益者不仅是读者，而是全社会都在从中受益，因此，图书馆的效益具有明显的外部性。

3. 潜在性

图书馆提供文献信息服务，一般不直接生产可见产品，其作用主要是以潜移默化、知识积累的方式，借助人脑功能存储起来，在读者身上不定期地、随机而又长期地表现出来。也就是说，读者在图书馆文献服务中的获益，一般都要经过从潜在到显在的转化过程，而且这种转化过程的时间长短，在读者身上的表现是千差万别的。所以，图书馆效益中的"读者受益程度"，很难用确定无疑的定量形式反映出来，这种不确定性就是由图书馆效益在自身表现方式上具有潜在性这一特点决定的。

4. 制约性

图书馆的效益是由一定的投入、活动主体、管理制度及其环境等因素相互作用的结果，其中任何一个因素不相适应或缺少都会降低图书馆效益。例如，投入结构的不尽合理会导致效益的不理想，现行管理制度的缺陷也会加剧图书馆效益的降低，馆员素质及读者素质的不相匹配同样也会导致图书馆服务效益低下和成本上升。所以在评价图书馆效益时，要充分考虑各种因素所带来的不同影响和连带影响。

5. 模糊性

由于图书馆的知识信息服务给读者带来的综合素质的提升、精神文化水平的提高以及对社会的影响是不容易用量化指标来衡量和预测的，因此，图书馆的效益是一个近似值或模糊值，很难进行定量的计算。

(二) 图书馆效益评价的指标体系

1. 确定图书馆效益评价指标的原则

（1）总体性原则。确定图书馆效益时，必须以图书馆工作的最终效益为准，而不能以图书馆某个部门或几个部门的效益为准。如分编工作的效益并不等于图书馆的工作效益。

（2）有效有益性。效益与效果是有区别的，简单地说，效果是一定的投入产生的结果，效益则是一定的投入而产生的结果中有利于社会发展进步的那部分结果。据此，图书馆的效益，即有效有益的结果，不包括那些虽耗费了图书馆的人力、财力、物力，而未能满足社会需要的部分。

2. 指标体系的构建

图书馆效益指标主要分为社会效益和经济效益。社会效益又体现在社会意义、用户满意程度、情报的完整性、信息及时性和科学教育性等方面。经济效益可分为直接经济效益和潜在经济效益，直接经济效益又可分为宏观经济效益——文献信息对社会产生的经济效益；微观经济效益——文献信息对某个用户所产生的经济效益。

第三章 图书馆管理的方法解读

第一节 图书馆目标管理

目标管理是由美国纽约大学教授、著名的管理学家德鲁克于 1954 年创立的一种现代科学管理方法。这一管理方法的运用在国外早已普及各行各业。近几年，我国一些企业实施已收到了显著成效。在总结以往实行的计划指标层层分解的基础上，结合推行计划管理和岗位责任制①。

图书馆目标管理是指运用目标管理机制来开展图书馆的各项管理活动。图书馆是一个系统，系统有整体目标，整体目标又可以逐级分解为分目标到个人的小目标。只有各个分目标、小目标都完成了，全馆的整体目标才能得以实现。在进行目标管理时，应肯定成绩，予以各种形式的奖励，激发员工的积极性、主动性，打破"大锅饭"的局面，给图书馆管理注入生机和活力。

一、图书馆目标管理的概念和特点

（一）图书馆目标管理的概念

目标就是期望达到的目的。对管理活动来说是开展某项活动所期望并要达到的理想期望值。在目标管理中，目标的提出、实现和成果的评定是一个完整的过程，目标是目标管理活动的中心。从目标管理的实施过程看，目标管理的核心是强调目标实现，也是强调和重视目标期望值的完成。

图书馆目标管理就是运用目标管理机制来开展图书馆的各项管理活动。即图书馆在一定时期内，确定所要实现的总目标，制定工作方针，层层分解目标，落实措施，安排人力和物力，组织实施，规定进度，取得效益，评价成果，进行奖励，以达到激发全馆员工为

---

① 佛山市图书馆. 图书馆管理理论与实践 [M]. 广州：广东人民出版社，2001：130~140.

追求更高目标而工作的一种科学管理方法。

目标管理是以目标为中心，重视目标实现的动态过程。图书馆目标管理成败有赖于是否满足目标管理先决条件或者说是否具备了实行目标管理的基础。

第一，建立图书馆目标管理组织体系，包括决策机构、执行机构、考评机构等组织。

第二，需要图书馆全体人员参与。如果目标仅是图书馆管理者制定，然后以命令形式下达，那就失去目标管理的意义。

第三，实施"三定"管理形式。即各项图书馆工作任务有定额；图书馆各部、岗位、环节的人员要定位；有按计划标准的人员定编。这样为计划目标的层层分解提供可行的保障。

第四，有充分的信息资料。要制定有效的目标，就必须对图书馆系统、外部环境有足够的了解和把握，根据社会的发展及图书馆现状才能明确图书馆的发展目标和实施计划。

第五，对实现目标的图书馆资源可调控。要使目标管理成功，各层管理人员应该对实现目标的人力、物力、财务资源和工作流程有一定控制权，朝着有利于目标实现的方向发展。

第六，建立原始记录档案和统计制度。为目标实现提供全过程的真实资料，给考评、修正目标期望值提供依据。

(二) 图书馆目标管理的特点

第一，明确目的。实行图书馆目标管理的目的就是实现图书馆活动中某项计划目标。全部管理活动以目标的实现为中心。图书馆活动的目标成为计划执行的依据，成果考核的工具，进行奖励的标准。

第二，纵观全局。实行目标管理，图书馆有总目标，然后将总目标逐级分解为部门及个人子目标。目标上下、左右相互联系构成目标体系。为了实现全馆总目标，要求全馆各级部门及个人拥有全局观念，协同动作，方向一致。

第三，强调自觉。由于目标的制定上下结合，领导与群众结合，将组织目标与个人目标有机结合起来，提高了员工的责任感。目标管理具有激励机制，激发员工不断创新，追求更高的目标，充分发挥其行动的自觉性和自主性。

第四，分解目标。目标管理将整体目标分解为不同层次的小目标，集中全体成员的智慧和力量，从一步步实现小目标开始，最终实现整体目标。

第五，过程完备。目标管理中，不断地进行检查和考核评比，使成绩及时得到肯定，问题及时得到纠正，目标处在最佳状态，使图书馆活动有利于目标实现。目标管理并不是被动管理，而是具有激励机制，形成管理的良性循环。整个目标管理由目标制定、实施、评定、修正构成循环完备过程。

二、图书馆目标管理的作用

（一）极大地提高图书馆宏观管理水平

目标管理由于具有明确的目的性和整体性特点，使图书馆系统的社会职能得以充分发挥，这样图书馆的效益可以明显提高。图书馆目标管理通过目标分解，加强部门之间、个人之间、个人与集体之间的协调，这都为全馆总目标的实现提供可靠的保证。实行目标管理有助于增强图书馆的应变能力。目标管理是一个不间断循环过程，要求图书馆员工随着管理内容和条件的变化来决定其工作方针与行动步骤，推动管理工作不断开创新的局面。

（二）极大地调动图书馆员工的主动性和创造性

目标管理要求每一位图书馆员工根据全馆和本部门的目标来制定个人目标，这就增强了实现目标的责任感，激发他们的上进心，鼓舞了工作热情和拼搏精神。通过考核、评比，实行精神和物质鼓励，使个人获得成就感和荣誉感，有效激励图书馆员工为实现总目标工作的积极性和创造性。

（三）有助于提高全馆职工的素质

实行目标管理，是自觉型的自我管理、自我控制的过程，它以激励为基础，引进竞争机制，激发人们超越现状，主动将个人目标与组织目标有机地结合起来，不断创新，以追求更高的目标。在管理过程中，要加强自我管理，实行自我控制，使自己能随着目标的变化和客观条件的不同而进行自我调节。因此，实行目标管理，对于个人来说，为了实现目标，需要不断充实、完善自己，提高业务能力和管理水平。

（四）有助于图书馆聘任制的推行

目标管理在工作分配上强调定岗、定额、定编，这种管理方式有利于业务、职务聘任制的推行。同时，工作人员的目标期望值的计量与考评，也正是对各类图书馆人员的测定，为调整人员结构比例提供了依据，同时，也为聘任工作中做到人尽其才、用其所长提供了直接素材。

三、建立图书馆目标管理的目标体系

图书馆根据实际采取上下结合的方式确定目标，确定图书馆目标必须有严格的科学依据和措施。

（一）图书馆目标制定的依据

制定图书馆目标要在做好调查研究、广泛征求意见、收集信息资料的基础上，依据以下因素来确定全馆的总目标。

第一，根据图书馆的方针、任务来决定目标的方向。方针任务是实现总目标的行动纲领，制定的目标必须体现图书馆的方针任务，才能使目标的方向正确。

第二，根据图书馆所在地区的社会、经济发展形势需求。制定图书馆目标要进行调查、收集资料、做出预测，来确定目标。

第三，根据上级主管部门提出的具体要求。如要求图书馆在一定时期所要完成的任务、所要开展的重大活动等，根据上级部门下达给图书馆的任务来制定目标。

第四，根据图书馆的发展规划来确定目标。要将图书馆的长远规划，具体化为阶段性的目标。

第五，根据图书馆的人力、物力资源及环境条件的实际来确定目标的内涵指标，使目标的期望值与员工情况、设备、经费、物质等客观条件相适应，目标才可能实现。

（二）确定图书馆目标的原则

1. 协作性原则

首先，要求图书馆目标从总目标到分目标，从上到下成为一个完整的目标体系。其次，这个目标体系应是内外协调的。在馆内，部门和个人的目标与总目标协调一致；在馆外，全馆总目标与当地或本系统的发展目标协调一致。

2. 可行性原则

目标不是高不可攀无法实现，而是具有可行性。只有先进可行的目标才能起到鼓舞士气、激励干劲的作用。

3. 民主性原则

馆长或某几个领导决定不了图书馆的目标，制定目标的过程应集思广益，听取全馆职工的想法，通过讨论和筛选，最终确定一个目标体系。

4. 激励性原则

把对实现目标体系的贡献大小与精神和物质上的奖励挂起钩来，对有突出贡献的可以给予适当的奖励和职位上的晋升，这样可以激发全体员工的积极性。

5. 针对性原则

目标应针对其重要性程度，分别列入目标体系中，做适当安排。全馆的重要工作应首先列入目标，各分目标和个人目标也应依其重要性程度顺序列入。

6. 动态性原则

目标管理是一种动态管理，目标确定并不是一成不变的，而是根据图书馆内外环境的发展变化，适时调整目标，不断提高图书馆的适应能力，在动态中实现图书馆目标。

7. 评估性原则

目标应具有可考核和可评价的指标，即在制定目标时，不仅要指出应完成的工作范围和名称，而且要把规定期限内应取得的成果尽量地用具体数据表示出来，对于难以量化的目标，要规定出具体、明确的要求，进行定性评分。

（三）图书馆目标制定的程序

第一，由馆长根据上级部门下达的任务和所收集的资料与信息，在分析判断的基础上提出全馆总目标，提交全馆员工讨论，在充分听取各方面的意见之后，召开各部门领导及群众代表参加会议，协商确定。全馆总目标是在全馆上下反复讨论之后才确定下来的。

第二，馆长将制定的总目标向全馆宣布，作为各级部门制定分目标的依据。

第三，各部门在充分了解总目标之后，围绕总目标制定部门的分目标及措施。部门目标的制定一方面要得到馆长的指导和帮助，另一方面要发动本部门员工酝酿讨论，最后予以确定。

第四，制定个人具体目标和保证措施。个人目标的制定应得到部门领导的指导与帮助，但部门领导应充分尊重员工的自主性。

第五，在各部门分目标和个人具体目标制定的基础上，进行上下协调。搞好目标之间的协调是目标制定工作的一项重要内容及重要程序。目标协调工作的根本要求是保证全馆总目标的实现。目标协调的方式主要是通过协商、讨论从而取得一致的认识。目标制定完，由馆长和馆务会、部门领导统一进行一次纵向（各级之间）和横向（部门之间、个人之间）的调整，使目标纵横连锁、相互衔接，形成一个完整均衡、协调一致的图书馆目标体系。

（四）图书馆目标体系

由图书馆总目标、各部门分目标和个人目标构成的目标结构系统是图书馆目标体系。从纵向看，它是树型模式，呈等级状态。把上一级定量目标进行细分化和保证措施具体化，就形成下一级目标，越往下展开，问题与内容就越具体，从而形成了目标层层分解的纵向深入渠道。而下一级目标在完成上级目标的规定指标值时，则上一级目标必定已完成，从而又构成了自下而上的层层保证结构。从横向来看，有并列的、衔接的、交织的关系，如各部门目标在层次关系上是并列的，在目标内容上是衔接或交叉的。采访部的目标内容与编目部的目标内容是衔接的，而编目部的目标内容与期刊部门的部分目标内容是交叉的。因此，目标的整体形式上是等级状态的，目标内容形式上是衔接交叉的，这就构成了图书馆目标体系。体系具有结构层次，图书馆目标体系结构层次如下。

第一个层次：总目标结构。它是由三部分组成：一是目标的方针与宗旨，即目标的制定依据，选定的行动方向，目标总任务，需要解决的问题和重点。二是目标的指标值，即规定实现目标的程度。三是目标的保证措施，即为实现计划指标而采取的对策与方案。

第二个层次：分目标结构。在总目标下，按职能部门可分为具体的部门目标，如行政部门目标、采访部目标、编目部目标、外借阅览部目标、信息部目标、技术部目标、研究辅导部目标等。各部门目标之间有着本质的联系，是一种相互协调、互为补充的职能分工，目标层次上是横向衔接的，目标内容上是纵向深入的。然而，各部门分目标又各自自成系统，分目标值具有各自特定的规范。如采访部以进书量、复本量、种数、重复率等指标为分目标值；编目部以文献加工量、著录误差率等为分目标值；外借阅览部以借阅率、拒借率、读者人数、开放时间、服务态度规范标准等为分目标值。

第三个层次：个人目标层次。它是目标结构中的最低层次，是部门分目标的具体化。它包括各个岗位具体的人员、具体工作量及标准等。

四、实施图书馆目标管理的步骤

（一）制定目标阶段

第一，准备工作。充分而完善的准备工作是有效管理的良好开端。开展目标管理，首先要在职工中做好宣传教育工作，让大家深入领会其内涵，充分认识实施的必要性，以形成一个理解、支持目标管理的坚实的群众基础。

第二，确定图书馆总目标。依据图书馆的实际情况，集思广益，征求全馆工作代表的想法，通过民主讨论，最后确定出图书馆总目标。

第三，目标分解。根据图书馆总目标，将其逐级分解为部、室及个人目标，把目标落实措施。其最终目的是在目标一致的前提下，使图书馆总目标与各部门分目标、个人子目标成为图书馆全体员工共同努力的方向。

（二）目标实施阶段

第一，逐级授权。授权就是要授予部门及个人处理问题的自主权，这有助于个人积极性和创造性的发挥。依被授权者的目标责任性质与范围，来确定授权的范围与程度。自我控制、自主管理是目标管理的一大特点，因此，当权限下放后，上级相信下级，尊重部门及个人的自主权，各个层次干各自的事，互不干扰。同时，享有自主权的部门及个人，要牢记目标，善于用权，提高自主管理能力，尽最大努力促使个人目标和部门目标实现。

第二，沟通信息，检查反馈。在目标管理中，馆长和部门领导应主动深入群众之中，了解目标实施过程中的情况，与图书馆员工加强交流，沟通信息，并对目标实施进行检查、督促、指导和帮助。这与尊重个人自主权并不矛盾，而是一致的，它是目标实施过程中实现目标控制的必要手段。员工也有义务主动地向上级主管部门汇报工作，报告目标实施情况。只有通过沟通和检查反馈，及时发现问题，才能实行总体控制。

第三，控制实施进度。它是保证全馆总目标得以按期实现的一个重要措施。控制目标实施进度的主要手段是采用"目标实施计划表"，该表要求填写上级目标的具体要求、本部门实施目标的关键问题、个人目标、保证措施、实施进度以及检查中的问题和对策等具体项目。"目标实施计划表"对于目标实施者可依计划进度来安排自己的活动，便于自我控制；对于馆长及部门领导可以用它进行检查，了解各部门及个人目标实施的情况，掌握目标实施的实际进度。

（三）目标评价阶段

目标评价是目标管理的最后一道程序，其主要内容是：当目标实施活动按计划完成后，应及时对实际取得的成果做出评价，员工通过总结经验教训增长才干，领导者通过总结改进工作，提高领导与管理能力。

1. 自我评价

图书馆目标实现后，首先每一位员工应对自己所取得的成果进行自我评价，并填写"目标成果评价表"。进行自我评价时应实事求是地分析实现个人目标的复杂、困难程度，客观地评述本人主观努力的程度以及所取得的成果，并评定自己的成绩。同时，应认真总结经验教训和不足，为今后取得更大的绩效和进一步提高工作能力奠定基础。

2. 综合评定

它是由图书馆的考评小组实施成果的评定。考评小组应由图书馆与部门领导和群众代表组成。综合评定的内容应着重在个人所取得的成果价值或意义，实事求是地考察个人在目标实施过程中业务水平和工作能力提高的程度，然后给予符合实际的成绩评定。对综合评定中发现的问题应直接同目标实施个人交换意见，共同分析，总结教训以及明确今后努力的方向。

3. 及时奖励

综合评定结束之后，应进行及时的奖励，这是目标管理的一个重要思想方法。奖励是对职工所取得的成果的一种认可或肯定的方式，同时也是个人的努力同所得的成果之间建立起的一种反馈关系，可以激发人们进一步去争取更大成绩的愿望和信心。实行奖励应贯彻精神鼓励和物质利益相结合的原则①。

第二节 图书馆全面质量管理

一、图书馆全面质量管理的必要性分析

全面质量管理是美国著名统计学家 W. 爱德华·德明（W. Edwards Deming）在 20 世纪 50 年代提出的一种全新的管理理论和方法。全面质量管理理论特别强调管理过程中质量控制的核心地位和决定性作用，强调人对质量控制的支配意义，认为质量既是科学管理的一种要素和措施，又是实施科学管理的一种目的和要求。几十年来，全面质量管理理论风靡全球，应用于各行各业，对提高各个领域的产品质量和服务质量起到了巨大的推动作用。

图书馆实施全面质量管理，不仅是可行的，而且是必要的。

（一）图书馆实施全面质量管理可提高服务质量

图书馆引进质量管理的思想和方法，对图书馆工作的各个环节采取有效措施进行质量控制，建立质量约束机制，对于树立馆员的质量意识，改善图书馆的服务质量无疑起到积

---

① 熊丽. 数字时代的图书馆管理. 北京：北京图书馆出版社，2006：108~114.

极的作用。

图书馆读者服务工作是需要一个部门的多个人员和多个部门共同配合完成的。质量管理体系不仅对直接与读者打交道的流通、外借阅览、咨询、检索等环节工作做出详细要求，而且也要对间接为读者服务的部门提出上一环节为下一工序服务的要求。即凡是接续上一部门工作进行再加工的下一部门，就是上一部门的"顾客"，必须替下一部门着想。例如对采访部门来说，分编部门就是它的"顾客"，而外借阅览、流通等部门又是分编部门的"顾客"，它使得图书馆每个部门、每个人都明确自己工作的"顾客"是谁，从而保证自己所完成工作的质量不仅达不到质量要求不能流向下道工序，而且一定要使下道工序的"顾客"满意才行，从而提高了整个图书馆的工作质量。

（二）图书馆实施全面质量管理可保证工作质量的稳定

在管理中，应确定本馆的质量方针与目标，应确定各岗位的职责与权限，还应建立质量体系并使其有效运行。质量管理不仅注重人的主导地位，更注重管理活动各环节质量的测度与调控。质量体系的文件化，增加了图书馆工作的稳定性。图书馆质量管理体系的有效运行，是图书馆为读者提供长期优质高效服务的保证。

（三）图书馆实施全面质量管理可促进工作的规范化

引进质量管理方法，建立起本馆的质量体系，可通过确定组织机构与职责、程序文件、岗位工作指导书等，明确各部门、各岗位人员职责与权限，明确各项工作的程序及其控制原则与方法，明确各工作环节之接口的处理方法及各自的责任，明确各个工作岗位的具体工作流程与行为规范，从而增强图书馆工作的个体规范性，提高馆员的工作规范化意识。

（四）图书馆实施全面质量管理可持续改进

传统的管理方法常常以维持现状为重心，而全面质量管理则把重心转向对系统和过程的持续改进。为了改进机构任务中关键的流程，持续改进使用了一系列特有的方法、工具和测度，以便系统地收集和分析数据。持续改进的要素包括两个方面：一方面是改进哲学；另一方面是一系列问题解决工具和技巧，其中问题解决工具有头脑风暴法、流程图、控制图、因果图等，利用这些图表可以显示出一个机构的工作流程如何、它的基准是什么、变动出现在什么地方、须解决的问题的相对重要程度及所产生的变化是否已达到预期的影响等。要进行持续改进，须具备一个简单的前提，即一个结构化的解决问题的过程比

一个非结构化的解决问题的过程会产生更好的效果。不像传统方法仅仅是以一种不明确的、直觉的方式去做得更好，持续改进以量化绩效指标为基础，使图书馆情报机构能建立起可测度的目标，并监控趋向于这些目标的进程。

二、图书馆全面质量管理包含的要素

所谓图书馆全面质量管理，是指图书馆为保证和提高信息服务质量，动员图书馆的各个部门和全体员工，综合运用管理技术、专业技术、思想教育、经济手段和科学方法，建立健全服务质量保证体系，对服务的全过程实行有效控制，从而经济地开发、生产和提供用户满意的信息产品与信息服务，做到最适质量、最低消耗和最佳服务，最终实现不断提高服务质量的目标。

图书馆全面质量管理包含下列几个要素。

（一）对质量的全面承诺

在全面质量管理中，"全面"一词特别重要，因为图书馆若想实施全面质量管理，首先要做的就是进行全面承诺。图书馆高层管理者必须充分承诺执行全面质量管理工作的原则，并且这一承诺要在整个图书馆中表现出来。戴明认为，来自上层管理者的牢固承诺是最重要的步骤。

图书馆管理者要保证为全面质量管理计划提供必需的资源，通过全面质量管理为用户提供所有的产品和服务，认真检查、研究图书馆所有的工作程序和过程，从而找出质量不高的原因，而不是从员工身上找原因。应在整个图书馆中普及全面质量管理这种共同语言，增强全面质量意识，让员工不仅能自如使用，而且能满腔热情地承担责任，从而使承诺弥漫于整个图书馆之中。

对全面质量管理的全面承诺还要反映在图书馆的使命、愿景声明、长短期目标中，战略计划也应强化这一承诺。在图书馆开展关于全面质量管理的哲学、期望和利益的有效交流是一项必不可少的程序，图书馆高层管理者在准备的最初阶段就应充分利用这一举措，通过宣传栏、小册子、简报等形式宣传有关全面质量管理的知识，使其遍及图书馆的每一个角落。

（二）以用户为导向的服务

全面质量管理认为，一个组织的质量是由顾客满意程度所决定的。当一个组织把为顾客提供满意的服务作为使命时，它自然会在实施全面质量管理中获益。长期以来，图书馆就是社会最好的服务组织之一，图书馆员一直把为用户服务作为工作哲学。然而，随着环境的变化、社会的发展以及技术上的突破，用户对图书馆的要求也在不断发生着变化，可以说，用户对图书馆情报服务提出了越来越高的要求，他们渴望从图书馆获得更多样化、更高级的产品和服务。因此，作为以服务为导向的组织，图书馆只有对这种不断变化的需求作出反应，不断改进服务质量，为用户提供满意的服务，才能保持自身的存在和发展。

全面质量管理强调对外部顾客（用户）的关注，但也对内部顾客，也就是馆员的需求给予同等关注，这也正是全面质量管理优于其他管理方法的特征之一。全面质量管理认为：馆员是图书馆最重要的资源，为用户提供满意的服务从根本上说来自高素质的馆员的工作，因此，为他们提供自身发展所需要的机会和条件，是图书馆成功的关键。

作为全面质量管理的一部分，图书馆应对其所处的环境有一个整体了解，也就是说对用户满意水平要进行经常调查，从而了解他们不断变化的需求，并通过各种努力加以满足，也只有这样，图书馆才能繁荣发展。

（三）消除重复工作

全面质量管理的主要原则之一是把工作做得更好和为用户提供增值产品和服务。图书馆情报人员应明白他们的工作是与用户的需求直接相连的，他们应常常自问"我们正在为我们的用户做正确的事情吗""如果没有，我们如何能改进我们的工作过程呢""为什么我们要做这项工作，它将对谁有益呢"等问题，而不是不加思考地一味埋头按固有的方式做固有的工作。

全面质量管理要求图书馆根据用户需求，简化工作过程，使一些不必要的工序被取消，并且保证工作一次性做好，消除返工的可能性。因为修正以前所犯的错误、重做无用工作以及不会给产品或服务增值的工作，不但会导致巨大的人力、财力、物力浪费，而且不会给用户带来任何利益。改进工作流程所必需的技巧之一是进行工作抽样，各种抽样方法对检查现在工作活动中是否存在错误或不合理的地方是很有帮助的。

（四）协同工作

在执行全面质量管理原则时，若没有协同工作的精神是不可能取得进展的。无论是一个部门内的问题，还是各个部门间的问题，都应在团队中加以解决，因为团队更好地显示了"自我指向的工作组"的特点，团队把在一个区域内工作的大多数或所有员工集中起来，去改进各自领域的质量，全面质量管理团队的所有成员将共负责任，从"团队学习"中获益。团队可以由来自图书馆一个部门的人员构成，也可以是跨部门团队。团队工作重心可以集中在图书馆的多个方面，既可以对他们工作的结果进行评估，也可以通过研究如何改进工作方式来改进某项特定服务。

（五）广泛的培训

要实施全面质量管理，广泛的培训是必不可少的。那些实施全面质量管理而没有收效的机构，其失败的一个重要原因就是急功近利，缺乏对工作人员进行适当的培训。一个有效的全面质量管理过程，需要对资源特别是对高强度的培训的承诺。领导培训、图书馆员培训、特定计划培训和部门培训是使全面质量管理过程起飞所必需的人力资源投资的一部分。如果图书馆的领导认为无须任何额外支出就能实施全面质量管理，那么，全面质量管理计划成功的可能性就不大。

当员工们接受培训时，他们将会对改进服务对用户的重要性有一个更充分的理解，而这种意识将是以后所进行的全面质量管理活动的基石。培训计划的目标之一应该是发展馆员的技巧和能力。此外，培训计划还应鼓励每个图书馆情报人员的创造力和革新潜能。

适当的培训将为图书馆提供全面质量管理骨干，然后，他们可以再向其他人传授在他们各自的领域中如何实施全面质量管理的知识和技巧。通过培训来传授如何能适当使用全面质量管理工具和技巧，将给图书馆带来巨大回报。卓越的图书馆情报服务是一个永恒向前移动的目标，而培训则能够创造框架和结构，帮助指导图书馆追求质量改进。

（六）持续改进

全面质量管理不是一项一蹴而就的工作，它不应仅在图书馆陷入困境时才被重视，它也不应当被看作是解决图书馆所有问题的万灵药。从某种意义上说，不应把全面质量管理描述成一个"事情的变化"，它应是一种"生活方式"，图书馆情报服务和知识信息产品质量的持续改进是使用全面质量管理的主要理由。

全面质量管理应被看作是一个长期作为图书馆一部分的管理过程。尽管全面质量管理的实施会遇到各种不同的挫折，如一些人员对它的抵制；一些人不明白为什么图书馆还要求已过度负荷的人员去承担这一额外的责任；培训是昂贵的；它比人们希望看到的演化来得慢；时间不充足；等等。但当全面质量管理得以充分实施时，它将导致对图书馆用户的一个重大改进，整个图书馆工作流程中的有形方面将会得到显著提高。对图书馆来说，更重要的利益之一是：全面质量管理所创造的文化变化——馆员参与评估各种不同的操作、参与决定图书馆的战略方向、作为一个团队发挥作用。服务质量改进只是一个现象，其更深的意义在于它提供了转变图书馆的一些领域、实施以质量为驱动的计划、更多集中在用户和为图书馆提供一股健康的"新鲜空气"的机会。

三、图书馆全面质量管理体系的建立

一个有效运行的体系是一个完整的整体，它通过制定质量方针、质量目标，明确职能，确定权限，互相沟通了解，减少或消除由于职能不清导致的障碍，可系统地考虑资源的投入，减少浪费。所以，我们应该考虑建立图书馆全面质量管理体系。

（一）图书馆全面质量管理体系采用的建立方法

第一，业务流程管理。业务流程管理是指通过对业务流程的分析研究，明确所需完成的任务和在执行任务过程中存在的问题与障碍，用户和工作人员通力合作，使供需双方顺利对接。

第二，定标赶超。定标赶超即预先确定一个参照目标（可从单位内外选定），然后把现存的系统同该目标进行对比，找出差距，从而不断加以改进、提高。

第三，再设计。再设计不仅涵盖了流程的改进，而且还在总体高度上对整个流程进行重建。

第四，PDCA循环。即"计划—执行—检查—处理"工作循环，四个阶段周而复始地运转：计划阶段制定质量目标、活动计划、管理目标和实施方案；执行阶段按预定计划扎扎实实地去做，以贯彻实现计划、目标；检查阶段对照执行结果和预定目标检查计划；处理阶段实际上就是工作总结阶段。

第五，成立质量控制小组。在实施全面质量管理时，通常成立一个质量控制小组，由图书馆内相关部门的人员参加，同时还聘请用户担任协调员。

第六，应用SERVQUAL①方法评价图书馆服务质量。1990年，美国服务市场营销学家依据全面质量管理理论提出了一种称为SERVQUAL的方法。美国图书馆学家对此很感兴趣，他们根据这一方法设计了五个层面，作为用户评价、衡量图书馆服务质量的客观标准。这五个层面分别是：有形设施、可靠性、服务效率、保障及情感移入。每一个层面又分成若干问题，要求用户打分，最终获得用户对图书馆的客观评价，而管理者根据用户的评价制订出战略计划和改进图书馆服务质量的指南。

（二）图书馆全面质量管理体系的建立步骤

步骤一：统一思想。建立全面质量管理体系，实行全面质量管理，首先图书馆的领导

---

① SERVQUAL为英文"Service Quality"（服务质量）的缩写。

要统一思想，让员工明确实行全面质量管理的必要性和可行性，尤其是最高管理者必须认清其作用和目的。其方法是：收集有关全面质量管理的信息，特别是其应用于教育部门、服务部门、非营利性组织以及图书馆的重要论述；组织访问考察已成功实施全面质量管理的图书馆，获得关于全面质量管理的第一手资料；聘请全面质量管理专家和顾问到图书馆开办讲座，参加有关全面质量管理的会议、研讨会和培训班等。通过这些活动，图书馆所有人员对全面质量管理的概念、历史背景和它在非营利性机构中的应用有比较充分的了解，明确图书馆实施全面质量管理的意义和它在改进图书馆工作质量和服务质量中的作用。

步骤二：组织保证。实施全面质量管理，领导是关键。应成立由馆长即最高管理者为组长，由业务副馆长为副组长，由各中层负责人参加的领导小组，具体负责管理体系建立的组织实施工作。中层干部既是具体指挥者又是实施者，他们的参与是图书馆成功实施全面质量管理的重要基础。

步骤三：员工培训。实施全面质量管理，必须全员参与。这就要求大家不仅要明确图书馆实施全面质量管理的意义和它在改进图书馆工作质量和服务质量中的作用，而且还要掌握实施全面质量管理的技术和方法，如产生思想和收集信息的工具（如头脑风暴法、调查表、访问等）、达成共识的工具（如标准评价表、投票等）、分析和显示数据的工具（如因果图、直方图、排列图等）和计划行动的工具（如流程图等）。这些工具和技巧在分析问题、实施改进和评价结果中是非常有用的。培训可以通过多种途径，如全体员工大会、板报、快报、办培训班、组织参观等。

步骤四：全面质量管理体系的策划。首先是制定实施全面质量管理体系的目标，即实施全面质量管理后要实现的长期目标和近期目标。制定目标要围绕上级主管部门制定的图书馆在若干年内的发展总体规划，根据上级的规划和要求，制定出合乎实际需要的质量管理计划，再结合本馆的实际情况（如图书馆的服务对象、经济状况、馆舍条件等）和上级的要求确定自己的基本任务、近几年的目标以及实现上述任务的战略步骤。

步骤五：机构绩效评估。通过用户满意度调查或特定测度指标来反映用户对图书馆提供服务的满意程度，这是进行持续改进的基础。因为只有通过把当前绩效同用户期望进行比较，从中找出差距，查出质量管理上存在的纰漏，才能瞄准改进的方向，设计出新的管理体系，提供高质量服务，达到满足用户需要的目标。

步骤六：全面质量管理体系结构的设计。全面质量管理体系的结构一般是根据全面质量管理的流程即策划—实施—评价来设计，并根据各馆的实际情况和理解，给各个阶段加入不同的内容，根据体系的结构绘出管理体系的模型。

步骤七：组织与实施。在质量管理体系策划和体系结构设计的基础上，应具体落实组织机构、职责权限和分工，通常要制定"二图一表"，即组织的《行政机构图》《质量管理体系结构图》以及《各职能部门的职能分配表》，明确各个部门的职能。职能分配表具有十分重要的作用，因为它使体系的运行有了组织保证。要调整机构、配备资源，要使职能部门按计划完成自己的任务和目标，就必须赋予其一定的职责和权力，就必将配备一定的人力资源、物资资源、基础设施，营造相应的工作环境。

步骤八：编制文件。实施全面质量管理，必须进行文字记载，以便保持行动的连续性和进行前后效果的比较。记载的内容包括实施全面质量管理的方针政策、保证体系正常运转的规章制度，以及平时会议、讨论和工作的记录。

步骤九：图书馆效率的测量和审计。图书馆开展全面质量管理活动后，必须了解活动开展后工作效率提高的情况和在使读者满意方面达到了何种程度。因此，除了对读者进行必要的调查，以了解读者的需求和对图书馆的满意程度外，还必须运用图书馆统计学知识，从质和量方面对所做工作做出评估。如统计出图书馆机读数据库被检索的次数，采购部门所采购的各专业图书数量，各专业图书的实际使用量等。将全面质量管理开展前后的统计数据作对比，从而测量出质量管理开展后图书馆工作效率的提高状况，这种测量对图书馆质量管理系统来说是至关重要的。

图书馆效率测量的另一个特殊形式是审计。所谓审计，指的是采用一些专业化的标准对图书馆的工作进行评估并做出结论。图书馆的审计工作通常可由馆内外各方面专家和读者组成的审计小组来进行。

通过读者调查、效率测量和审计，可以对开展全面质量管理时制订的任务计划完成情况进行全面检查，总结经验教训，为下一步开展新一轮的质量管理做准备，从而形成新的质量管理循环。

第三节　图书馆量化管理

所谓图书馆量化管理，就是将图书馆各部门、各环节、各员工在一定的时间内应完成或达到的工作目标全部用一定的数值规定出来，用数值来衡量。

一、图书馆量化管理的原则

图书馆量化管理的原则如下。

第一，实事求是原则。图书馆量化管理的工作分解和各项量化指标的制定，需要结合本单位的实际，不能照搬照抄。在制定量化指标时，不仅要考虑图书馆与其他组织工作性质的差异，而且要考虑馆内不同部门、不同岗位的具体工作差别；在实施过程中，还要结合工作环境的变化不断加以修正与完善。只有这样，才能制定出符合图书馆实际、真实反映工作绩效的公平合理的考核指标。

第二，可行性原则。量化管理作为一种评估体系，必须充分考虑具体实施中的可行性问题。在制定标准时，要做到内容具体、数据精确，保证顺利进行量化管理。

第三，灵活性原则。在图书馆活动中，有些工作很难精确计量，如服务态度与效果、改革创新行为等，若执意要对其精确计量，反而不科学。为此，可采用一些变通的考核办法。比如，图书馆流通工作是为读者服务的重要窗口，服务态度包括工作的认真程度、语言的规范程度、回答读者咨询问题的准确性、主动服务的质量与数量等。对服务态度与效果的量化可借助读者意见反馈和评价、馆员相互评价、检查考核记录等方式，采用加减一定分值的办法进行量化。另外，模糊数学可以应用在图书馆评价中，模糊数学对被评对象有关方面的质量优劣进行模糊识别的过程是图书馆定量化和科学化评价的有效方法，可应用于人员考评和图书馆评价中[①]。

二、图书馆量化管理的指标体系

图书馆量化管理的指标体系内容很丰富，本节就一般图书馆的量化管理指标做一初步设计以供参考。

（一）图书馆工作内容的分类

我们按工作的对象，把图书馆工作划分为文献资源建设、读者服务、技术服务与管理工作四大部分，又细分为 18 个小类。

文献资源建设包括：①文献采访工作。②文献分编工作。③文献加工工作。④文献典藏工作。⑤文献信息的开发。

读者服务包括：①文献借还工作。②读者教育工作，包括利用图书馆的技巧和文献检索技巧，如在图书馆查新服务中，只有制定最佳的检索策略，才能最迅速、最有效地满足用户的需求并节省图书馆的成本。③文献复制工作。④读者辅导工作（主要是解答咨询和定题服务）。⑤文献宣传报道工作。

---

① 郑全太. 模糊论在图书馆评价中的应用研究 [J]. 图书馆工作与研究，1997（2）：16~21.

技术服务包括：①计算机软硬件的建设和维护。②数据的安全与备份工作。③工作人员应用计算机技术和软件技术的培训和辅导。

管理工作包括：①传达并布置执行上级部门的指示精神。②制定本部门的发展规划和各项规章制度。③进行本部门机构的设立和调整。④进行本部门人力资源的培训和调配。⑤对物资设备和办公用品的购买、调配和管理。

需要说明的是，上述的工作并不代表工作的人数。因为有些是一项工作需要很多人干，如文献借还工作；有些多项工作只需要一个人干，如管理工作。这就需要计算每项工作的数量，计算每个工作人员完成该项工作的速度。不仅如此，还要制定出衡量该项工作的质量标准。但是，由于工作的数量与质量标准受多种因素的影响，如学历、职称、能力、工具、环境等，不可能制定一个适合于各种类型图书馆的指标，在这里要谈的是如何来制定这些指标，然后由各馆根据本馆实际情况自行制定。

（二） 工作数量量化标准的制定

工作数量量化标准的制定有以下四种方法。

1. 经验估工法

由馆长、专家和业务骨干组成估工小组，根据图书馆各部门工作的内容和条件等，凭工作经验确定工时定额。可按整个工序，也可以按工序的各组成部分进行估算。此方法的优点是简单易行，工作量少，制定定额比较快。缺点是对定额的各组成部分及其影响因素不能做细致的分析和计算；反映的是保守的工作水平；不同的估工人员的数据不同，易出现偏差，准确性较差。

2. 统计分析法

几乎图书馆工作的每一个环节都要用到数理统计知识。数理统计对于馆藏最佳复本量的确定和制定采购策略有重要作用。

根据同一工种的以往统计资料，结合目前的工作条件，来制定定额。该方法优点是有较多的统计资料为依据，更能反映实际情况，且能促进图书馆的统计工作。不足是过去的统计资料可能存在不合理的因素（如原始记录错误），必然影响准确性，导致定额不够合理。

该方法适用于原始记录和统计工作比较健全的图书馆。

3. 典型定额法

典型定额法是确定某一工种的工时定额时，对比分析其同类工种的典型定额进行制

定。运用该方法的前提是做好工种的分类归组工作，合理制定典型定额标准。该方法能保持同类工种之间定额水平的平衡，只要典型定额制定恰当，则准确度高于经验估工法。

4. 技术测定法

技术测定法即在充分挖掘劳动潜力的基础上，根据合理的工作条件和工艺方法，对组成定额的各部分时间进行实地观测或分析计算来制定定额。

该方法首先找出合理的工序组成结构，改善工作条件，然后统计调整后的工作消耗，经讨论得出最后的定额。该方法比较科学，对工作和技术有促进作用。缺点是不易做到快和全，工作量大。

（三）各项工作的质量量化标准

图书馆各项工作都有其特殊性，都应有其质量标准。

1. 文献资源建设

（1）文献采访工作。采访工作的质量量化标准应从订购图书的重复率、优秀图书以及丛书、多卷书的购全率，优秀工具书的购全率以及有关各馆收藏重点图书的情况等账目手续及图书登录准确完备情况，购书计划的执行情况等方面给出分值，优则加分，劣则减分。

（2）文献分编工作。文献分编工作的质量量化标准应从分类的准确度、编目的标准度、著录项目的齐全度、标引的精确度、文献入库是否及时、图书交接账目是否准确等来衡量，其标准与准确情况，可用百分比来定量。

（3）文献加工工作。文献加工工作的质量量化标准应从加工文献的数量、书标的粘贴、收藏章、财产号的打印准确完整率、条形码打印的是否清楚、贴的位置是否恰当等标准来衡量，可以规定错误率的百分比计算质量的优劣。

（4）典藏工作。文献典藏工作应根据其上架是否及时、书架是否整齐、有无乱架现象、书架是否卫生、文献的丢失率、破损率，来定出百分比（或千分比），依比值大小等标准计分衡量。

（5）文献信息的开发。文献信息的开发可以参照类同工作，根据其实际情况制定。如编制文献篇名索引，可参照文献的分类和著录标准执行。如果编写文章述评或信息分析报告，可以参照科研人员发表论文进行制定，也可根据实际情况自行制定。

以上几项内容，凡有全国图书馆评估定级标准的，均可按照相应考核标准进行检查，检查方法可按一月或半年定期检查，也可不定期地进行抽查，几次抽查的差错率之和除以抽查的次数，所得商就是全年的错误率，然后再依比值大小定出加减分值。

2. 读者服务

读者服务是直接接触读者的工作，其服务数量的多少、服务速度的快慢、服务态度的好坏、服务效果的优劣，都应在质量标准中反映出来。目前由于绝大多数图书馆都使用计算机管理文献的借还，所以其服务的数量和速度都可以很容易地统计出来，并且比较精确。但是读者服务工作的好坏，更重要的是体现在服务态度和服务效果上，而这两个方面主要靠读者的反映，因为读者是服务的对象，他们最有发言权，图书馆应广开言路，采用一切有效的方法，充分收集读者的意见，并把意见在质量标准中反映出来，定出分值，比较出服务的优劣。

3. 技术服务

技术服务工作主要是针对馆内工作人员的服务，其工作质量的好坏主要是看软硬件出现故障的次数、排除故障所用时间的长短和服务态度的好坏。故障的次数反映出日常维护工作的情况。一般来讲，维护得好，故障就会少，否则故障就多。故障的次数还反映出对工作人员的技术辅导情况。一般来讲，工作人员技术水平高、操作熟练，故障就少，否则故障就多。排除故障的速度，反映了计算机技术能力和熟练程度。当然，影响软硬件出现故障的因素很多，与软硬件的档次、质量，网络防护设施的配备关系也很大。各馆可以根据本馆的具体情况定出切实可行的标准，以出现故障的次数和故障对工作影响的大小而定出优劣。其服务态度，可以用座谈或调查表的形式进行了解，并可依调查结果和工作记录进行综合评分、定级。

4. 管理人员

管理人员的工作应按照党对干部德、能、勤、绩的标准进行衡量。关于这四个方面的要求，有关干部的考核文件都有具体的规定，这里不再赘述。需要说明的一点是，图书馆管理干部的"绩"，应按照文化和旅游部、教育部等政府主管部门颁布的有关图书馆工作的条例和评估指标进行衡量和打分，因为这些条例和指标都是经过有关专家研究制定的，经有关行政部门审批下发的，对当前或今后较长一段时期的图书馆工作具有较强的指导意义。图书馆对工作条例的执行情况、工作评估的达标情况与图书馆管理者的能力和成绩密切相关，应该说可以反映出其工作的优劣。

三、图书馆量化标准的实施

制定量化管理指标体系只是第一步，重要的是要发动全体人员执行，充分发挥量化管理的积极作用。

贯彻执行量化指标要做好以下工作。

第一，加强思想教育工作，使图书馆全体人员都懂得自身量化指标及工作效率关系到图书馆的职能能否较好发挥。

第二，及时下达量化指标到部、室和个人。部（室）接到任务后，计算出每个岗位的量化指标，并以书面形式下达到每个人，使每个人员都清楚自己的工作范围和量化指标。

第三，尽力提高工作条件和改善技术水平等。

第四，广泛征集合理化建议，定期组织劳动竞赛和推广先进经验等活动。

第五，加强培训，提高馆员的文化和业务水平。

第六，坚持按劳分配原则，根据量化指标的完成情况进行奖惩。

第七，加强量化指标执行情况的统计、检查和分析工作。首先要做好原始记录，正确地反映各部（室）、每个人的工作工时和指标完成情况，分析这些统计资料，及时总结和发现问题，采取对应的措施，提高工作效率。

第四章 图书馆管理的应用实践研究

第一节 图书馆行政管理

一、图书馆行政管理概述

(一) 图书馆行政管理的重要意义

图书馆行政管理在业务建设以及读者服务工作中发挥着调控中枢的职能，是高校图书馆各项工作得以顺利开展的基础保障。在人才培养以及教育教学管理活动的开展中，图书馆行政管理工作所扮演的角色是非常关键的，同时，通过行政管理工作的优化发展，还能够为图书馆管理模式的优化运转提供有效的驱动力，特别是结合当前所处的发展环境以及发展趋势来看，加强图书馆行政管理能够对图书馆的业务调控产生积极影响，促进文化熏陶功效的长远发展，行政管理工作的开展还能够为创新性人才的培养提供支撑。

(二) 图书馆行政管理工作的内容

1. 做好人员的管理是行政管理工作的核心

在一切工作中，人是最活跃、最积极的因素，物质资料是由人去掌握使用的，只有把人管好了，物质资料才能发挥最佳效益。所谓管理，归根结底是对人的管理，管理的好坏直接影响着工作效益的高低。如果是企业，将直接影响产品质量、经济效益。图书馆工作虽然没有直接的产品质量、经济效益可影响，但它将关系到文献资源的开发利用和信息时效，关系到服务态度和服务质量，关系到图书的流通、读者获取信息和知识。因此，作为图书馆行政管理应将人的管理放在首位，以调动人的积极性、主动性、创造性作为管理的核心。

要提高全体馆员的整体素质和职业道德，充分调动其积极性、主动性和创造性，必须重视和加强职工的思想政治教育。首先，要建立健全学习制度，坚持不懈地组织职工学习政治、时事、图书馆的方针、任务和它担负的社会职能。结合本馆的性质和特点，对职工进行职业道德的教育，使广大职工真正树立"读者第一、服务育人"的职业道德风范，自觉地弘扬职业道德，树立正确的人生观、世界观、价值观，并强化服务意识，使职工懂得应忠诚人民的教育事业，恪守职业道德，认真履行岗位职责，发扬爱党、爱国、爱馆、爱书、爱读者——"五爱"和敬业、爱业、奉业——"三业"精神，并把这种爱倾注到服务中，在为读者服务的无私奉献中体现出自身的价值。其次，管理者要善于结合本馆的情况和职工思想的实际，有的放矢地开展耐心细致的思想工作，深入群众，注重调查研究，及时掌握职工的思想情况，解决职工的实际困难。实践证明只有把自己融入群众中，做群众的知心朋友，关心群众疾苦，沟通思想，统一认识，思想工作才能收到良好的效果，从而激发人的积极性、主动性和创造性。

2. 建立健全规章制度是行政管理科学化的重要依据

建立健全合理的规章制度是图书馆实行科学管理的重要依据，也是图书馆改进工作作风，提高工作效率，加强职工队伍建设的一项极其有效的措施。图书馆是一项学术性、业务性、服务性很强的复杂劳动。图书馆要进行科学管理，必须根据图书馆自身工作的特点和发展规律，依法治馆，制定一套行之有效的规章制度，以限制与约束人们的行为准则，才能保证管理沿着科学化、规范化的方向发展，以充分发挥决策正确、督促有力、协调有方的管理模式，从而使图书馆的工作达到最佳的状态，保证图书馆总任务和总目标的实现。

图书馆完整的规章制度应包括：馆、部、室的职责；各级管理者的权力与义务；会议制度；行政、业务及服务工作岗位要求；各岗位的工作细则与标准、条例；流通阅览、参考咨询、自动化手段规范；以及规章制度的行政管理和督促执行；考核、考勤奖惩办法等。各项规章制度不仅具有制约作用，同时还具有激励作用，激励工作人员努力搞好工作，完成或超额完成馆里下达的工作任务，使职工在工作中有章可循，成为管理的重要依据，能使图书馆各项工作顺利地向预定的目标正常运行。此外，随着各种规章制度的不断完善，大大减轻了日常管理的工作压力，使领导有更多的精力和时间去思考、开拓工作新局面，处理一些重点、难点问题。总之，建立健全各项规章制度，对加强本馆的管理水平，提高职工队伍的整体素质和工作效率有着不可替代的重要作用。

3. 搞好经费管理是确保业务建设的根本保证

经费是图书馆顺利开展各项活动的支柱，是图书馆各项工作正常运转的主要条件。近年来，加大高校图书馆经费的投入已越来越引起各学校领导的重视，而且投入也逐年递增。可仅有投入的增加而无有效的管理，也会造成流失和浪费。随着学校对图书馆投入的增加，图书馆也面临着如何更好地把有限的经费科学地进行管理及有效地使用等问题。尤其我国目前经济还不够发达，制约图书馆发展的物质因素不可能在短时间内得到解决，图书馆经费十分紧缺，特别是当前书刊价格呈几倍甚至几十倍的增长和电子资源的出现，这就要求行政管理工作发挥主导作用，运用管理的手段使有限的财力最大限度地发挥作用。

众所周知，图书是图书馆开展服务的物质基础，没有图书，图书馆就没有生命力，更谈不上服务、效益和职能了。因此，行政管理中的经费管理应本着统筹兼顾、轻重缓急、确保效益等原则，有明确的指导思想，既要保证购书，又要优先业务建设，对每年的经费都必须合理分配，全面安排，特别是在购书经费的使用上。第一，必须专款专用。严格按预算办事，不能与正常预算经费相互挤占挪用，使有限的专款经费发挥最大的效益，确保采购计划的完成。第二，必须有效使用经费。要根据本校的任务、专业建设、藏书结构、读者对象及办学特色来确定当年收藏范围、收藏重点及采购原则。严把采购质量关，坚决抵制非法出版物和色情、暴力及质量低劣的图书入藏，复本量要适当。第三，必须合理安排经费。每年的书刊订购，要根据本馆的图书采购方针决定，提高图书馆采购人员素质，实行书刊采购的科学管理，结合本校专业设置、教师科研状况与学生培养方向及本馆经费状况确定本馆采购方针，以建立适合本校实际的藏书体系。同时要完善采购管理监督机制，重视订单的复审与新书的验收，尽可能避免错购、重购、漏购。确保采购的金额、品种和数量。对图书馆业务经费、办公费等也要进行科学管理和有效使用，严格控制不必要的开支。

4. 加强自动化设备管理是提高服务质量的重要手段

自动化设备是图书馆的重要组成部分，它关系到图书馆各项工作的顺利完成，也影响着图书馆的建设与发展。尤其在当今信息化、网络化的时代，加强对自动化设备的管理显得更为重要。怎样才能把设备管理好，管理核心应有两点：一是培养和配置专职设备管理员，充分调动管理人员的积极性、主动性；二是保证设备的完好率和提高设备利用率。首先，要对设备进行科学化、标准化、规范化的管理。近几年来图书馆事业发展迅速，现代化设施建设成绩显著。有的院校非常重视设备管理工作，已有了一套科学化、标准化、规范化的管理系统。但据了解，图书馆中还有相当一部分图书馆还没有本馆的设备管理系统，这需要管理者从思想上引起足够的重视。一套科学化、标准化、规范化的设备管理系统是维护图书馆正常有序工作的必要保障，同时也是图书馆管理软件中的重要组成部分。因此，必须制定一套适合馆情的管理标准，做到有章可循。其次，建立严格的设备管理制度。图书馆现代化的设备价格昂贵、种类繁多、设备精密，所以建立严格的管理制度，采

取科学的管理方法是非常有必要的。搞好设备管理的目的是保证设备的完好率，减少故障，延长使用寿命，充分发挥设备的作用；做好安全管理的目的是保证设备的安全操作，注意防火、防盗，一定要指定专人负责各项安全防范工作。如电子阅览室、计算机室和检索室等都须有专职人员负责系统的运行和维护，实行专人专机，做到人尽其能，物尽其用，最大限度地发挥设备的使用率和保证其完好率。

因此，培养一支精通计算机的专业技术队伍至关重要。解决这个问题可从以下三方面入手：第一，积极选用人才。可以从外校或从本校应届毕业生中选拔思想素质好、基础知识牢、动手能力强的计算机专业的学生。第二，对在职人员进行进修、培训。分期分批进行进修、培训是工作人员提高专业技术的一个好途径，通过长期的进修、培训可产生一批技术骨干，也可以作为图书馆技术人才储备。第三，在工作中边干边学。可以让在岗人员边干边学，在干中学，在学中干。

5. 优化馆内读书环境是行政管理工作的一个重要内容

环境展示着每一个单位的风貌，影响着每一个人的情绪，更制约着每一项工作的开展。良好的环境，可以使一个人精神振奋，可以使一个群体士气高昂，可以使一个单位蒸蒸日上。

图书馆作为学校对外开放的重要窗口，是政治、经济、文化、教育等综合水平的重要标志，环境的好坏直接影响着读者的心态，同时也影响着读者的数量。试想在一个花团锦簇、绿草如茵的院子里有一栋图书馆大楼，楼内窗明几净，地面一尘不染，室内书刊整齐，藏书丰富，如果你到那里读书一定是心态良好、思想集中、求知欲强。怎样为读者创造良好的学习环境，让成千上万的求知者在舒适的环境中认真学习，汲取精神的营养，受到文明的熏陶，取得更好的学习效果，是行政后勤工作的一项重要内容，也是图书馆工作的宗旨。因此，要舍得对图书馆行政管理工作的投入，逐步改善和优化馆内环境。除此之外，首先，图书馆要营造一个健康向上的政治环境。运用橱窗、黑板报、演讲会、报告会等形式，大力宣传图书馆，重点推荐新书、好书、电子资源，及时宣传社会上和本单位的好人好事和先进典型，以弘扬正气。其次，努力营造宽松、和谐的人际环境。人际关系是在人际交往中形成和发展起来的人与人之间的心理关系，好的人际关系环境的形成，能促进各项工作的顺利开展。同样，要想使图书馆的工作顺利开展，也要有较理想的人际关系环境。图书馆的人际关系主要有三种，即管理者之间、管理者与工作人员之间、工作人员之间的相互关系，这些关系处理不好，必然影响工作效率、服务质量的提高。根据图书馆女性工作人员比较多的特点，要注意了解她们的需要与心理需求，采取必要的管理措施，使她们把注意力转移到有意义的工作上，就可减少人际间不必要的摩擦和矛盾，创造一个融洽、愉快的人际环境。

6. 强化办公室的地位和作用是全馆工作运转的保证

图书馆办公室是行政管理的中枢，是综合性的管理机构，是落实领导决策、沟通上下、联络左右、协调内外、完成上级组织交办事项、保障全馆正常运行的重要部门，也是图书馆的一个"窗门""门面"，只有充分认识到它的重要地位和发挥其作用，才能确保全馆行政管理工作的正常运转。办公室工作概括起来应做好三件事情。

第一，参与政务。遇到全馆性中心工作，首先，在领导决策前提供必要的信息、数据，提出可行性方案供领导选择，主动地为领导出谋划策，搞好超前服务。其次，当贯彻落实领导决策后，搞好组织协调和保障工作。办公室就要抓紧落实和收集，了解在决策落实过程中的情况和意见，沟通各部之间的密切联系，及时向领导反映汇报实施过程中的各种情况和意见。最后，应把决策落实情况及时向上级部门报告，有的政务还应向全馆人员通报。这样使领导有的放矢地领导工作，取得最佳的工作效果。

第二，管好事务。馆长的日常工作很多，要及时处理的事情也较多。这要求馆办公室的人员必须主动积极地帮助馆长办事情、干实事。办公室除了经常处理众多的例行日常事务外，还要处理各种临时性、突发性的事务，如公务接待、安全保卫检查、工作检查等。

第三，搞好服务。服务是贯穿办公室各项工作的主线，也是新时期工作的中心工作。当前，办公室工作人员要积极适应单位职能的转变，不断转变服务观念，把工作的重心与重点转移到为全局、为基层、为群众的服务上来。这里的服务有两方面内容，一是馆内的服务工作，二是馆外的服务工作。而这些服务看起来是很一般的，甚至是"不起眼"的，但要是做不好就会影响职工的情绪，影响全馆工作的顺利进行，有的甚至会影响到图书馆队伍的稳定、团结，对外则影响高校的窗口形象。

图书馆行政管理是图书馆整体管理的重要组成部分，是搞好业务工作和读者工作的关键。然而，怎样才能更好地搞好图书馆行政管理工作，仍然是一个值得同人们深入探讨的问题。在实施图书馆行政管理的过程中，只要加强思想管理，以规章制度做保障，合理使用和充分发挥人力、财力、物力、信息等资源的作用，就能达到办馆的目标和最佳效益。

二、图书馆办公自动化管理

（一）办公自动化新发展

办公自动化是指应用计算机及网络通信技术，改变传统办公手段，提高办事效率的一种形式，即将传统的办公系统与先进的计算机技术、网络技术结合在一起，充分利用计算机的强大处理能力，以及计算机网络快速连接通信的特点，来提高办公效率，改进办公质量。

办公自动化的发展历经了三个阶段：第一阶段，办公自动化以数据处理为中心；第二阶段，办公自动化以工作流为中心；第三阶段，办公自动化以知识管理为核心。通过办公自动化三个阶段的发展可以看出，办公自动化的核心思想随着信息技术和管理理念的发展而发生着巨大的变化。以知识管理为核心的办公自动化，已经突破传统意义上简单的文件处理，也不再是单纯的行政事务，不仅模拟和实现了工作流的自动化，更模拟和实现了工作流中的每一个单元和每一个工作人员运用知识的过程，其任务是要提高整个组织的运作效率，进而提高组织的核心竞争力。

（二）知识管理的新应用

知识管理作为第三代办公自动化的核心概念，实际上通过信息应用系统，以网络和信息系统为基础，帮助发现和组织已经获取的信息，定位于拥有专门技能的人，通过协作和培训传递这些知识，让整个组织能有效利用知识，建立知识门户和快速响应系统。通俗地讲，知识管理是指在恰当的时间，将正确的知识传给合适的人，让他们采取最恰当的行动，以避免重复错误和重复劳动，同时它关注的是如何充分获取分布在各个系统的知识。

图书馆知识管理，是指应用知识管理理论与方法，合理配置和使用图书馆各种资源，充分地满足用户不断变化的信息与知识需求，提升现代图书馆的各项职能和更好地发挥其作用的过程。办公自动化系统是实现图书馆知识管理的重要载体之一，不仅提供基本的信息和事务管理的环境，还关注这些信息和业务过程中所包含的知识，并利用一系列知识管理工具实现对知识的获取、转化、存储和利用，以支持图书馆知识型组织的建立。

（三）图书馆建立以知识管理为核心办公

1. 时代发展和图书馆现代管理的需要

随着计算机的不断普及，自动化管理在社会中的应用越来越广泛。图书馆作为信息资源的宝库，像以前那样用手工方式去处理大量信息流，已不能适应时代发展的节奏。同时，基于知识管理的办公自动化系统作为现代图书馆一个非常有效的管理手段，能在很大程度上提升图书馆的整体工作效率，是图书馆现代化管理不可缺少的重要部分。

2. 有利于提高办公效率和工作质量

建立基于知识管理的办公自动化系统有利于提高办公效率和工作质量。如图书馆日常需要处理的各种报告、报表、文件等日益增加，信息量越来越大，时效性越来越强，对工作质量的要求越来越高。传统的手工工作方式速度慢、差错率高、信息沟通迟缓、工作效率低下，通过办公自动化系统的应用，可快速送达领导批示。对于督办文件、急办文件，系统能按时自动催办，为领导、工作人员节省大量的工作时间，避免了重复劳动，也减少了差错，提高了办公效率和工作质量。

3. 有利于知识的存储、转化和应用

由于缺乏统一的管理和有效的利用机制，图书馆很多员工日常工作积累的经验和知识很难保存下来。如馆员的信息资料大部分都是以 word 文档格式保存的，而这些信息资料很多都是日常工作积累下来的经验和知识，一旦工作人员调离岗位，这些信息资料也随之消失，建立基于知识管理的办公自动化系统实现了对这些信息资料的有效管理和利用，有利于隐性知识向显性知识的转化，有利于知识的收集、存储、传播和应用。

4. 有利于提高决策的准确性和科学性

图书馆的业务系统较难集成起来，同时也很难有效及时地进行汇总和分析。建立基于知识管理的图书馆办公自动化系统有利于图书馆业务系统信息的集成，有利于信息的汇总、整合和分析，有利于提高决策的准确性和科学性。

5. 有利于促进管理的规范化、标准化和流程化

建立基于知识管理的图书馆办公自动化系统有利于促进管理的规范化、标准化和流程化。如图书馆办公自动化系统严格按照规范操作，即公文的登记批示、处理均需填写意见并做回复，公文的流转均通过系统提供的办文单对应填写意见，保障日常管理规范化、标准化运作。

(四) 基于知识管理的图书馆办公自动化系统

1. 公文流转子系统

公文流转子系统主要是用于解决外部和内部公文、信访和其他文件的登记、流转、处理和统计以及日常办公中的一些共用功能，如工作计划、工作总结、工作报告。系统以简便、快捷、直观的方式，完成公文的登记、处理等操作，具备自动识别、自动编号和自动统计的功能，并能及时反馈公文的当前流程和处理情况，跟踪公文的处理经过等，同时还具有提示功能。模块主要包括：办理件、领导批示件、批复件、督办件、行政复议、信访件、发文抄告、机要件等模块。典型的功能模块有以下三个。

第一，收文管理。收文管理实现对从登记、分发、拟办、领导批示、办理、催办到存

档的一系列工作进行辅助处理，促进收文在图书馆内部的快速流动和加速收文的办理过程，实现收文处理的自动化。

第二，发文管理。发文管理实现对文件的拟稿、批阅、签发和整理、归档的辅助处理，实现内部公文、对外行文的审批、签发过程的自动化，提高了公文流转效率。

第三，档案管理。每年都需要对各种收文普发件、处理件、抄送件和内部公文、对外行文进行收集整理，入库保存，还可以将办公自动化系统中的数据直接导入电子档案系统，避免了档案管理人员对数据进行重复输入。

2. 事务处理子系统

事务处理子系统是通过对图书馆各岗位工作具体情况的调研，对有需要的、有价值的具体工作建立数据库，并根据具体工作的特点制定相应的流程，进行辅助办理的子系统。典型的功能模块有以下四个。

第一，项目管理。项目管理实现对项目审批、统计和查询，部门领导可以查询本部门项目的进展、资金使用情况。

第二，参观接待。参观接待实现对参观接待的登记、安排、统计、打印和查询。

第三，业务统计。业务统计包括业务统计月报表、文献资料采编与入藏、阅览证发放情况、咨询研究与文献检索等统计报表，实现了对图书馆业务数据的收集、存储、统计、打印和查询。

第四，照片库。照片资料作为图书馆重要资源之一，具有较高的收藏和利用价值。照片库就是将现有的照片资料数字化、网络化，实现了照片资料的收集、存储和查询。

3. 辅助决策子系统

在事务处理子系统的基础上，辅助决策子系统对图书馆的人事信息、党务信息、外事信息、财务信息、国资信息、业务信息、项目信息等进行汇总、处理和分析，为决策层提供全面、准确的数据资料。典型的功能模块有以下三个。

第一，人事管理。人事管理包括人员的基本信息和学历及学位、外语能力、专业技术资格、家庭情况等相关子集，以人员为主线，关联人员的项目、外事、党务等信息，使决策者可以方便地查询人员的信息。

第二，财务管理模块。财务管理包括公用经费表、企业单位损益表、事业单位收支总表、事业单位支出表等报表，通过辅助决策子系统以可视化的形式展示信息。

第三，固定资产管理模块。固定资产管理实现了对固定资产的登记、统计和查询。

三、图书馆规章制度建设与实施

规章制度建设是现代图书馆建设不可缺少的重要组成部分，规章制度的完善、健全及系统化建设是提高现代图书馆管理水平的重要手段。随着时代发展及图书馆事业的壮大，图书馆规章制度建设与创新必须与时俱进，并作为图书馆建设和发展的常规工作纳入现代图书馆建设规划之中。

（一）社会大环境与自身运作机制的变化与图书馆制度创新

当代图书馆物质基础建设，特别是近年来图书馆建设的社会与人文环境变化，促进了图书馆制度建设的变革与推陈出新。现代图书馆情报事业的发展、网络与数字化等图书馆现代科技的应用，对当代图书馆岗位、服务与管理提出了新的挑战，图书馆原有的规章制度已跟不上图书馆管理的时代步伐。这就需要我们与时俱进、科学管理，因此，图书馆规章制度的建设必然要在现代图书馆建设中得到创新和发展，在图书馆现代管理与服务中得到体现。

第一，管理模式的社会变革和图书馆生存内外环境变化是现代图书馆规章制度变革和创新的原动力。图书馆的管理逐渐从行业自身融入社会、城市之中。具体来讲，图书馆建筑的现代物业管理、内部的馆长负责制、图书馆员工的全员聘用制度等都在对传统的图书馆管理制度提出挑战。这些制度的改革本身并不是一定要由图书馆自发，而是社会改革、国家改革带来的必然，从某种角度来说，当然也是图书馆顺应时代潮流，推动图书馆事业发展的变革。

第二，网络与信息技术在现代图书馆管理与业务中的应用导致图书馆管理与业务系统的技术含量越来越高，相关管理制度必然要与之相适应。20世纪90年代以来，以计算机、网络为基础的现代信息通信技术在我国图书馆领域的广泛应用，使绝大多数的城市图书馆实现了计算机管理，并应用了基于计算机管理的业务操作系统，数字图书馆的开通也屡见不鲜。图书馆服务不再受时间、空间的限制。在现代图书馆业务系统中，信息处理和信息检索等读者服务过程与手段发生了巨大变化，人们提出了虚拟图书馆、泛在图书馆等概念，图书馆的服务无处不在。创新的服务方式和服务环境必然要依托创新的制度来维持和发展，规章制度的建设必须充分体现图书馆现代化建设的成果。

第三，城市图书馆建设与发展、城市图书馆集群管理、总分馆管理系统成为现代图书馆管理体制的重大突破。21世纪以来，我国城市图书馆迅猛发展，引发图书馆管理体制的重大突破。随着人们对文献信息资源的广泛需求和信息量的增加，图书馆走资源共享的道

路成为发展壮大图书馆事业的必由之路。近年来，长三角、珠三角等经济较发达地区率先提出"城市图书馆"概念。城市图书馆在地域和图书馆管理上完全打破了图书馆作为独立建筑、独立馆藏的管理模式，如上海、深圳的"图书馆之城"建设，东莞、佛山等城市的"总分馆""联合图书馆"建设。总的来说，目前城市图书馆已经将一个区域内的图书馆紧密联系起来，组成了以中心图书馆为核心的责任明确、管理规范、便捷高效的图书馆网络集群。

（二）现代图书馆规章制度建设所遵循的依据、原则

规章制度必须具有规范性、科学性，必须经过科学的论证。同时，又必须符合各图书馆的自身情况，严格来说，没有一个完全适合两个图书馆个体的规章制度。规章制度是实行科学管理及规范管理的表现。

1. 规章制度创新赋予图书馆规章制度的时代性

众所周知，任何规章制度必然存在传统与现代、继承与发扬的矛盾。我国图书馆事业的发展与壮大要求管理制度创新、管理内容创新、管理形式创新。当然，图书馆规章制度在时代创新发展中仍然会也必然会有传统基础的继承，要强调的是，图书馆规章制度必须是图书馆事业周期发展的实践证明，又必须符合图书馆事业发展的时代要求。规章制度的变革与创新是必然的、绝对的，它的科学性、可行性都应体现在发展与创新之中。过时的内容条款应随时予以取缔或修订。

2. 以人为本赋予规章制度人性化、个性化

随着时代的进步，图书馆规章制度的建设与以往相比更重要的是体现在读者服务方面，确立"书为人用"的服务管理理念。因此，规章制度无论是对于图书馆自身管理还是针对读者的管理，都存在整体与个体、普遍性与特殊性的差异。随着公共图书馆服务的广泛开展，面对广泛的社会大众，其服务必然存在个体与整体间的差异。当然，我们不是片面强调为少数的特殊读者提供特殊服务而干扰普通大众读者对图书馆信息资源的需求与获取服务的权利，图书馆服务仍然坚持为读者提供公平资源的原则。在规章制度的制定和执行中，图书馆应充分考虑读者整体与个体的服务需求，体现图书馆服务的人性化。如在相关读者服务、读者活动方面，根据图书馆业务的延伸增加了《自助图书馆使用规则》《视障阅览室使用规则》等；同时，在图书馆内部管理制度建设方面，也同样体现以人为本的原则。

3. 管理制度指标的科学性

图书馆制度必须具有科学性、权威性，有科学的可行性论证才能体现图书馆的科学管

理。为使图书馆规章制度更为科学，在规章条款的规范、明确、可行性方面都要进行认真研究。而现代图书馆制度的科学性更主要地体现在相关的统计制度、统计方法与统计计算公式、统计名词术语的规范理解与注释等方面，例如，对图书馆读者统计、借阅统计等制度规范中出现的相关名词进行术语解释规定；借阅人次、册次、阅览人次的统计计算方法、公式等做出详尽的说明注释。

4. 系统性与全面性

图书馆的规章制度建设是图书馆规范管理的一大举措。制度本身应当形成体系，并且全面、规范。规章制度体系的形成是一项系统工程，必须具有内在的逻辑联系，规范要前后照应、相互支持。在规章制度的层次结构上，既要有适用于全馆的规章，还要有各部门的规章和各工作环节的标准、规范。总之，图书馆的各项工作应制定与之相适应、配套的规章措施。

5. 广泛的参与性

规章制度作为馆员和读者共同遵守的原则，反映了管理者的管理水平。规范的修订和制定应尽量广泛征求全馆人员的建议，并注意吸取读者的意见，集思广益，博采众长，反复进行讨论和修改，使之更趋完善。

在制定、修改规范条目时，要有一个整体的目标规划和具体的步骤实施。图书馆应在广泛调研的基础上成立专门机构，分工负责，同时深入研究、反复论证，确立规章制度建设的指导思想和原则，制定出规章制度建设的操作方案。聘请图书馆学、管理学等方面的专家学者参加纲要的制定和统筹。通过调研学习、查找相关资料、借鉴兄弟馆经验、拟订纲要、撰写具体条目、集体讨论、修改、实践证明等阶段最后定稿，颁布执行。

第二节　图书馆知识管理

一、图书馆知识管理的含义

随着知识经济时代的到来，知识管理已经成为时代的一种新的管理，是人类管理史上一项最伟大而深刻的革命，是信息化和知识化浪潮的产物。知识管理产生于知识型企业的管理实践并已得到了成功的验证，正在成为世界范围内企业管理的新趋势。图书馆作为知识的宝库，有必要及时研究和借鉴知识管理的经验，不断改进现有工作，与时代前进的步伐保持一致。

图书馆知识管理包括图书馆知识的获取、整理、保存、更新、应用、测评、传递、分享和创新等基础环节，通过图书馆知识的生成、积累、交流和应用管理，复合作用于图书馆的多个领域，实现图书馆知识的资本化或产品化，进而提升图书馆的服务能力、创新能力、竞争能力以及可持续发展能力。这个定义凸显了图书馆知识管理的以下特征。

第一，图书馆知识管理依赖于知识。由于在图书馆知识识别、获取、整理等全过程中，环节众多，作用机理复杂，因此必须加强对图书馆知识的基础管理，确保在一个图书馆系统内知识可以不断地生成和发展。知识的基础管理是整个图书馆知识管理的前提。

第二，图书馆知识管理是以知识为中心的管理。主要强调的是知识管理可以帮助图书馆实现隐性知识和显性知识的共享，是一条提升图书馆运营效率的新的途径。图书馆知识管理不像对数据和信息的整理分析那样简单，也不以书本或教条来管理图书馆，而是把信息、流程与人三大因素有机联结起来，在交流和互动中实现知识的共享、运用和创新，是利用知识提升图书馆效率、创造图书馆价值的过程。图书馆知识管理是管理理论与实践中"以人为本"主线的进一步发展，实现知识与人的能力相结合，才是"知识创造价值"的管理目标所在。

第三，图书馆知识管理是对流程的一个优化。依据知识与业务流程的相互结合，可以将图书馆知识管理划分为知识的生成管理、知识的积累管理、知识的交流管理和知识的应用管理四个相对独立的环节，它们之间是首尾闭合的环路关系。这四个环节相互影响，形成一个有机的管理体系，构建起有效的作用传导机制。

从各个环节的具体内容来讲，围绕"知识增值"这个核心，知识生成管理是基础和前提；知识积累管理是保障，是知识源与流、因与果之间的重要联系渠道，通过积累可以形成图书馆的集体智慧，提高图书馆对信息环境的应变能力；知识交流管理是动力，通过交流可以将各种知识组合成强有力的资源和力量；知识应用管理是手段，直接创造价值。

第四，图书馆知识管理是方法。知识管理作为管理方法，并不只在图书馆的个别领域中发挥作用，它与图书馆管理的各个层面的应用主题相结合，以基本方法和规律指导图书馆开展藏书管理、组织设计、人力资源管理、资源规划和馆读关系管理，成为辐射到图书馆各个层次的，以资源整合、潜力挖掘和"知识创造价值"为特征的管理活动。

第五，图书馆知识管理能够创造价值。知识管理在图书馆应用过程中的核心是"知识的增值"，因此，"知识创造价值"是知识管理对图书馆所有业务流程进行改进和变革的基本要求，将在外延上促进图书馆知识的资本化和产品化，确保图书馆具备良好的服务能力、创新能力、竞争能力和可持续发展能力。

二、图书馆知识管理的内容

（一）图书馆知识生成管理

知识生成管理作为整个图书馆知识管理的前提，主要包括了知识获取和知识创造两个环节。知识获取可以从图书馆内部或者外部来获取。因此，在图书馆知识生成的管理过程中，可以把知识的来源清晰地分为三个部分，即从图书馆内部获取、从图书馆外部获取和创造知识。

在图书馆的外部，获取知识的目标主要在于获得出版社、书商、信息服务公司、同行、读者以及行业和社会发展的相关知识。这些知识隐含在繁杂的商业数据、行业信息和调查资料、读者与竞争对手的个体知识之中，只有对外部信息不断进行收集处理并促进图书馆与外部的交流，才能确保图书馆获得外部知识来源。

创造知识是图书馆知识生成管理中的另一个来源。尽管知识的创造活动往往是伴随知识的应用和交流全过程进行的，但它终归体现为知识的重新生成和总量的增加。知识创造作为知识的来源之一，是最难以把握的，因为创造意味着要培育、创新知识，而不是简单地发现或积累知识。为了保持图书馆的生命力，图书馆不断需要新的知识，但很显然，这些知识不可能纯粹来源于原有知识或外部。

成功的图书馆会通过提高各个部门员工的工作兴趣来增强图书馆创造知识的能力，有的图书馆甚至允许员工参加与日常工作没有直接联系的项目以增强整体的知识来源。这些做法包括设立鼓励创造知识的项目、思想观念竞赛、参与多种项目工作的机会，以及提供充分的知识创造条件，保证图书馆馆员具备接触外界大范围刺激和信息的条件。

（二）图书馆知识积累管理

知识积累管理是确定图书馆知识的最终存在形式，因此也是图书馆知识交流和应用的基础。知识积累管理的目标是将知识生成管理中所获得的知识进行保存和管理，同时能够为知识交流和知识应用创造系统、及时、高效的环境，因此知识积累管理的实现途径主要依靠知识的整理、保存和更新三种方式。知识的整理、保存和更新构成了知识积累管理，但从管理过程来看，知识积累管理要解决的根本问题是对不同知识如何实现积累，而不是损耗。这就要从知识存在的基本形态入手考虑。知识存在的基本形态是显性和隐性。显性知识是指经文献记录下来的、公共的、结构化的、内容固定的、外在化的和有意识的知识；隐性知识是指个人的、未经文献记录的知识，它对语境敏感，是动态创造和获取的，

是内在化的和基于经验的，常存在于人的思想、行为和感知中。由于前者可以被编码、结构化进而存储在数据库中，任何成员都可以通过计算机或网络直接调用，而后者与知识的所有者没有分离，往往需要通过直接交流才能传播和分享，因而这两种知识的积累显然需要不同的方法。

对显性知识通常可通过知识数据仓库来管理，而对于隐性知识通常以专家系统或智囊团的形式来管理。图书馆知识积累管理的关键，就成为方式选择及不同选择下如何更好地面对知识对象的问题。

（三）图书馆知识交流管理

图书馆知识交流管理中所要解决的问题在于：如何通过通信、协作和交流的形式，来实现知识的分类、整理和存储等管理，进而满足不同主体对各类知识的需求，最终促进对知识的应用，为图书馆创造价值。

知识交流管理要求图书馆从技术和文化等多方面做出安排。技术是实现图书馆内部知识传播的重要方法，它们也有助于建立鼓励知识共享、团队合作和互相信任的图书馆文化。在知识积累管理中，我们通过对不同知识采取不同的积累策略，使用知识数据仓库来管理显性知识，使用专家团方式管理隐性知识。与此相对应，在知识交流管理中，也会产生两种交流方式。

第一种方式是间接交流，表现为知识的贡献人与知识的使用人之间不需要直接接触，他们都面对共同的对象——图书馆知识数据仓库，即知识的贡献人将知识提供给知识数据仓库，知识的使用人从知识数据仓库中提取工作中所需要的知识。

第二种方式是直接交流，表现为知识的贡献人与知识的使用人之间直接进行联系，联系的方式多种多样，可以是组织会议、培训，也可以是 E-mail 或 NetMeeting，通过一对一、一对多的方式获得解决问题的知识。

间接交流的基础是完善图书馆的知识数据仓库，健全的知识数据仓库和完善的信息网络是促进间接交流的技术基础。但对于直接交流来讲，最大的挑战在于如何结合知识的积累，推动隐性知识的显性化，使知识的传播、共享更加简便。在隐性知识的直接交流管理中，除了完善专家团的管理模式外，最重要的是创造和推动各种隐性知识共享的机会，让隐藏于各处的隐性知识不断交流、碰撞，推动知识的创新。

（四）图书馆知识应用管理

知识应用管理就是在知识生成、知识积累的基础上，借助知识交流，进而实现知识的价值。

知识应用管理的前期准备工作决定了应用的效率。能够在前期做好规划，可以节省图书馆在寻找有价值知识过程中的成本。图书馆知识应用管理的前期准备工作主要有以下四个方面。

第一，分析图书馆各部门和人员对知识资源的需求。为确定知识应用的目标，图书馆必须全盘考虑各个业务部门（采编部、流通部、技术部、咨询部、网络部等）和行政部门（财务、人事、后勤、馆长办公室等）的具体需求，总结其中的特殊性和通用性，对知识仓库的内容、关系结构、文件类型等进行总体规划。

第二，规划和设计知识分类体系，提高应用前的知识评测能力。在确定知识仓库的总体规划后，图书馆需要依据专业的分类模式（如公认的、行业通用的、技术领域通行的分类），结合自身需要，规划出详细的知识分类体系。为使知识应用有效开展，在准备工作中要高度重视知识的评测、分析。整个知识库的框架性结构，不断充实和加入有针对性的知识资源，做到准确适用，并根据实际情况不断修正和完善知识。

第三，规划、开发知识管理系统。针对集中管理（通用性）和分散使用（个性化）的现实需要，知识管理系统的核心功能一般要满足生成、积累、交流的需要，图书馆往往要根据自身实际进行有效的系统规划和软件开发。

第四，建立知识管理部门和相应的运作机制。为推动知识的应用，图书馆一般需要设置独立的知识管理部门或职能小组，其主要职能包括收集通用的知识资源，组织其他部门和人员提供专门的知识，对图书馆知识资源进行汇集、过滤、整理，推动知识管理的理念传播和实际运作等。

在应用的前期要做好准备工作与知识的生成管理、积累管理和交流管理等相互地结合起来。通过应用管理，不仅可以梳理知识管理活动中各个环节间的相互关系，同时可以通过知识测评分析各个环节知识的适用性，继而加强彼此之间的联系，更好地促进图书馆知识管理的展开。为了推动知识的应用，图书馆还要从文化和环境入手创造"知识拉动力"，要在组织形式上建立跨职能的合作团队。

三、图书馆知识管理的实施

（一）设立知识主管

知识主管（Chief Knowledge Officer，CKO）指的是一个组织内部专门负责知识管理的行政官员，是随着近年来知识管理的发展而出现在企业内部的一个新的高级职位，专门进行知识的收集、加工和传递的工作。图书馆知识管理同样应该创建知识主管机制。为了使知识管理成功，知识主管应该设立在有支配权和有责任的上层管理梯队里，例如由一名副馆长专任或由馆长兼任。

图书馆知识主管的主要职责是：制定图书馆知识政策；提供决策支持；帮助员工成长。具体而言，图书馆知识主管应做到：了解图书馆的环境和图书馆本身，理解图书馆内的知识需求；建立和造就一个能促进学习、积累知识和知识共享的环境，使每个人都认识到知识共享的好处，并为图书馆的知识库做贡献；监督保证知识库内容的质量、深度、风格并使之与图书馆的发展一致；保证知识库设施的正常运行；加强知识集成，产生新的知识，促进知识共享。

（二）改造图书馆的组织结构

知识管理倡导运用集体的智慧来提高组织的应变能力和创新能力，而设计出合理的组织结构是建构图书馆核心能力的一条有效的途径。面对现代信息技术的挑战和不断变化的用户需求，图书馆必须积极引进企业为实施知识管理而进行的"业务流程重组"（Business Process Reengineering，BPR）或称"企业再造"的管理思想，重新调整图书馆的组织结构和内部关系，进一步增强自身的适应性和竞争性。

图书馆组织结构的设计应以读者为中心，以用户需求为导向，充分实现服务的专业化、个性化，减少管理层次和重复作业，合理配置资源，增强图书馆运行的弹性，提高工作效率。业务流程重组，使图书馆建立一种能够迅速适应读者需求的新的服务机制，实现与各个信息系统的交融，给资源的共享、优化、合作和知识的创新带来勃勃生机。

在网络环境下，图书馆的组织结构应改变以往固定的等级模式，打破传统的图书馆职能部门之间的界限，以适应功能的不断拓展和变化。

一是在图书馆外建立"知识联盟"，引进外部知识及经验，以获得能力的扩展和转换。在组织内知识清点的基础上，组建专家网络以提升图书馆的知识、资源和技能水平，增进图书馆之间的相互学习和知识交叉，协同发展。

二是在图书馆内建立"柔性组织"，更多地强调组织形态的扁平化和组织行为的柔性化。如采用以团队或小组为基本组织单元的网络化结构的组织形式，将更体现跳跃与变化、速度与反应，更强调人的个性与创造力的发挥，具有灵活、适应性强、高度参与并富有动态性的特点。

（三）组建完备的图书馆知识库

图书馆的知识管理的目标之一是图书馆内部进行的知识共享。传统的知识传递过程往往会受到很多主客观因素的制约，进而不能及时有效地将知识传送给所需的人们。如果建立起知识库，就可以解决这个问题。图书馆应有计划地建立图书馆整体以及各个部门、各个岗位的专业知识体系，将现有知识分门别类、提炼加工，同时还要及时收集所需的新知识，以形成有本馆特色并不断发展的系统性知识库，协助馆员高效提取所需专业知识资源用于各个部门和各个岗位的实际工作以获得良好的工作绩效。图书馆知识库可分成以下四个子库。

1. 内部显性知识库

该库收纳内部已经或可以用文字形式保存并可检索使用的一类知识，如研究报告、咨询案例、访谈录等。建立该库的关键是有系统性和便于查找。

2. 外部显性知识库

该库主要收纳社会公共知识。政府出版物、期刊、报纸、学术会议录、标准文献、专利文献以及信息机构制作的具有版权的数据库等，都是社会公共知识的载体，图书馆应根据自身实际跟踪分析并收集相关的部分，以形成自己的特色知识库。

3. 内部隐性知识库

该库收纳存在于馆员头脑中的经验、数据、技巧等意会知识。组建内部隐性知识库的基础是尽量把这些意会知识编码化，以供馆员访问和咨询。另外，可以组建内部网络开展电子讨论，让馆员将自己的经验输入内部网络，并对别人的提问和建议给予积极的反馈，管理者则将这些内容全部存入子库。这样一来，一个包括馆员经验、见解和窍门的内部隐性知识库就建立起来了。

4. 外部隐性知识库

外部隐性知识库也可以称"外脑"或"智囊库"。用户中不乏各行业、各学科领域的专家，若有效地加以利用就可以形成图书馆宝贵的无形资产。因此，图书馆应在平时的知识服务过程中与用户建立良好的互动合作关系，并建立图书馆的外部专家人才库以及将专家解答的问题加以编码储存的知识库。

(四) 创立图书馆知识管理系统

图书馆知识管理系统是一种用来支持和改进图书馆对知识的创新、存储、传送和应用的信息技术系统。当前，关于知识管理系统出现了很多的模式，如基于层次模型的知识管理系统、基于一般系统框架的知识管理系统、基于知识生命周期的知识管理系统、基于知识实践框架的知识管理系统、基于资源的知识管理系统以及基于 XML 的知识管理系统等。

我们在开发图书馆知识管理系统时，应注意以下几个方面。

文本检索与多媒体检索。即要求所开发或利用的搜索引擎能够检索到与检索表达式不完全匹配但实际含有相关信息的文档，而且能够按照相关率高低对检索条目排序。

知识地图。即要求把知识库中的资料与知识目录连接起来。

用户接口设计。即要求知识库管理员在选择工具时，必须考虑是否有标准接口或是否可以按照与组织的其他应用一致的方式来定制。

合作与通信。即允许被地点和时间分离的团队成员共享那些解决新建议的必要信息，包括方案文件、工作计划、个人计划、讨论组等。

标准查询。即要求知识库引擎允许知识库管理员定义标准查询，这种标准查询涉及所有用户专门配置文档的关键词，也允许用户公布个人查询。

个性化。即满足知识库管理员手工创建用户文档，或基于 E-mail 标题与原检索式中检索词的自动生成文档来实现知识库的个性化。

知识目录。即要求知识库引擎在用户检索知识地图时，能够识别相关主题专家和馆藏存储信息。

近似组过滤。即满足为用户创建表定义主题选择来实施近似组过滤。

彼特·美索和罗伯特·史密斯认为，从社会—技术的观点来看，组织知识管理系统（Organizational Knowledge Management Systems）不仅是信息技术系统，而是由技术基础、组织基础、组织文化、知识与人组成的复杂综合体。因此，今后成熟的图书馆知识管理系统除着重于信息技术外，还应该考虑图书馆组织、图书馆文化与人力资源等问题，以保障图书馆的可持续发展。

（五）建设学习型图书馆

图书馆知识管理的策略之一就是建设起学习型的图书馆，在学习型图书馆中，学习、知识、共享、提高员工的素质将会是图书馆的一种重要的职能和目标，图书馆会经常开展一些培训学习的活动。在学习型图书馆中，学习已经内化为图书馆的日常行为、融入图书馆的血液之中。主动学习、自觉学习将代替被动学习，制度性学习、系统化学习将代替零星式学习。总之，向学习型图书馆发展可以从根本上改变一个图书馆的处境。

学习型图书馆具有一些显著的特点。在思维方式上，学习型图书馆具有以下特点：有一个人人赞同的共同构想；在解决问题和人事工作时，摒弃旧的思维方式和常规程序；成员对所有的组织过程、活动、功能与环境的相互作用进行思考；人们坦率地相互沟通（跨越纵向和水平界限），不必担心受到批评或惩罚；人们摒弃个人利益和部门利益，为实现图书馆的共同构想一起工作。

在组织结构上，学习型图书馆具有以下特点：适应于团队工作而不是个人工作；适应于项目工作而不是职能性工作；适应于创新而不是重复性的工作；有利于馆员的相互影响、沟通和知识共享；有利于图书馆的知识更新和深化；有利于图书馆增强对环境的适应能力。

建设学习型图书馆，需要进行五项修炼，即改进心智模式、自我超越、系统思考、团体学习和建立共同愿景。其中，系统思考是五项修炼中的核心技术。

1. 改进心智模式

心智模式是指根深蒂固于人们心中、影响着人们认识周围世界以及如何采取行动的许多假设、成见和刻板印象。改进心智模式就是图书馆成员和图书馆自身打破既成的思维定式，解放思想，进行创造性思维的过程。改进心智模式的修炼包括以下内容：辨认跳跃式的推论；推出对事物的假设；探询与辩护；对比拥护的理论和使用的理论。

2. 自我超越

自我超越是指突破极限的自我实现和获得娴熟的技艺的过程。自我超越的修炼包括以下内容：建立个人愿景，即树立个人远大理想和宏伟目标；保持创造性张力，即不断地从个人愿景与现实之间的差距中创造学习与工作的热情与动力；解决结构性冲突，即排除阻止个人追求目标和迈向成功的结构性心理障碍；运用潜意识，即发展潜意识与意识之间的默契关系，以增强意志力。

3. 系统思考

系统思考是五项修炼的核心，它教会人们运用系统的观点看待图书馆的生存和发展，进而将图书馆成员的智慧和活动融为一体。系统思考能引导人们由看事件的局部到纵观整体，由看事件的表面到洞察其变化背后的深层结构，由孤立地分析各种因素到认识各种因素之间的互动关系和动态平衡关系。

五项修炼的每一项都呈现三个层次，即演练、原理和精髓。其中，演练是指具体的练习；原理是指导练习活动的基本理论；精髓则是指修炼纯熟的个人或团体所自然地体验到的境界，这种境界往往只可意会，而难以用语言或文字来表达。

五项修炼将创造出有利于图书馆成员自我激励、自我管理和自我评价的组织环境；造就整体搭配、互相配合的团队精神；形成"输出资源而不贫、派出间谍而不叛"的群体整合功能；达到管理的人性化和制度化之间的平衡，以及馆员个人事业发展与图书馆发展之间的协调一致。这些都是现代图书馆的管理者孜孜以求的。

4. 团体学习

团体学习是发展图书馆成员互相配合、整体搭配与实现共同目标能力的过程。团体学习可以获得高于个人智力的团体智力，形成高于个人力量之和的团体力量，在团体行动中达到一种"运作上的默契"和形成一种"流动的团体意识"。

在图书馆中，针对图书馆改革的需要、针对图书馆任务的需要、针对部门的需要等，都可以组织团体学习，让团体成员在学习中理解和创新。以图书馆的人事改革为例，当图书馆的人事改革目标确立以后，要通过学习使全体馆员认识到改革的重要性和必要性，愿意去改革并努力为改革献计献策，解决改革中出现的个人利益与整体利益的冲突、短期利益与长远利益的冲突，变消极因素为积极因素，变被动改革为主动改革，变照搬模仿为开拓创新。

图书馆是社会教育、文化和学术的一个中心，是一个非营利性组织，当这个组织遇到复杂问题时，既要进行学习，也要发挥团队精神。图书馆团队精神要求为实现人类文明进步和社会发展，以知识信息服务为己任，增强责任感和使命感，通过勤奋努力、团结协作、坚持不懈、不断创造，促进人类知识与信息的生产、传播与利用。

团体学习的修炼需要运用深度会谈与讨论两种不同的团体沟通方式。深度会谈要求团体的所有成员摊出心中的假设，暂停个人的主观判断，自由而有创造性地探究复杂的议题，以达到一起思考的境界；讨论则是提出不同的看法，并加以辩护的沟通技术。通常团体用深度会谈来探究复杂的议题，用讨论来形成对事情的决议。

5. 建立共同愿景

这是图书馆成员树立共同的远大理想和宏伟目标的过程。通过建立共同愿景，图书馆全体成员团结在一起，创造出众人是一体的感觉。共同愿景深入人心以后，每个员工都会受到共同愿景的感召和鼓舞。对图书馆来说，建立共同愿景，就是要确立新时期图书馆的目标和任务，树立图书馆的形象，将馆员的个人价值与整个图书馆的价值统一起来，将个人的责任与整个图书馆的使命统一起来。

这样形成的图书馆规划与图书馆设计不只是代表图书馆馆长的意愿，而是图书馆全体成员的志向和符合时代需要的可实现的工作指南。建立共同愿景的修炼包括以下内容：鼓励个人愿景，即鼓励个人设计自己的未来；塑造图书馆整体形象，即培养图书馆成员的集体观念，从集体利益出发分担责任；融入图书馆理念，即将共同愿景融入图书馆理念之中；学习双向沟通；忠于事实，即从事实与共同愿景之间的差距中产生图书馆的创造性张力。

四、高校图书馆的知识服务管理

高校图书馆知识服务，需要学校领导及图书馆全体员工，突破传统思想观念，创新建设发展理念并着力达成共识；需要图书馆充分结合学校的办学特色、优势和自身条件，树立正确的服务定位；需要图书馆建立健全匹配的组织机构、人才队伍、管理模式、配套制度等常态化运行保障机制；需要图书馆积极培育塑造自身的服务品牌和特色，不断提升服务的竞争力。

（一）高校图书馆知识服务的认识

结合图书馆的功能变革与转型，以确立知识服务定位，树立现代知识服务观念，是图书馆实现知识服务可持续转型发展的关键。当前新型文化体制、新型市场经济、新型信息技术、创新型国家和学习社会的建设发展形势，促使不同层次的不同用户都对知识有着强烈的需求，高校图书馆知识服务社会化拓展是转型环境下图书馆社会功能和社会价值的重要体现。

21 世纪初，教育部颁发的《普通高等学校图书馆规程（修订）》就对高校图书馆面向社会提供文献信息和技术咨询服务提出政策导向，然而推进十分缓慢，其中传统观念、本位意识的束缚禁锢是主要的制约因素之一。我国各大高校图书馆立足解放思想、更新观念、开阔思路，着力思想层面的根本性转变，认识到高校图书馆知识服务社会化拓展对其服务学校教学科研职能具有积极促进作用。形式多样的社会化知识服务的开展一方面促进图书馆与企业、社会等多方面的联系合作，有利于加强高校图书馆信息资源的完善与特色资源的建设；另一方面，有利于跟踪社会用户的信息需求，搭建学校科技成果与企业技术需求对接的平台，促进学校学科科研成果的转化；同时，也有利于促使馆员的被动服务意识根本性改变，专业服务能力极大提升，专业人才和技术团队的培养实现能力水平的多重跨越，切实提升图书馆反哺校内学科化知识服务的核心竞争力。

（二）高校图书馆知识服务定位

知识服务是一种用户需求驱动的服务方式，针对知识服务的社会用户对象及服务需求内容，高校图书馆社会化知识服务可定位于政府知识库、企业智囊团、社会教育中心三个层面。

1. 政府知识库

政府信息需求具有时效性、客观性、全面性及准确性等特点，图书馆可通过加强共建合作，对政府某一特需层面的信息资源进行挖掘整合、集成优化，构建获取便捷、针对性、深层次、全面化的信息资源与知识服务平台；发挥专业优势，开展专题研究服务，为政府宏观决策和微观管理提供参考借鉴。

2. 企业智囊团

信息情报是企业所需的重要资源，信息情报的开发和利用是企业的核心竞争力。图书馆应积极发挥图书馆情报的生产力作用，参与和融入企业用户的技术创新、产品研发、成果转换、市场营销等过程，为企业建立科技信息知识服务平台，为企业提供定制化、个性化、深层次的情报知识服务，为企业的自主创新、竞争发展提供有力支撑。

3. 社会教育中心

高校图书馆作为信息资源的重要集散地、优秀先进文化的教育传播主阵地，应与公共图书馆共同担负起"启迪民智，普及教育"的职能，通过搭建实体与虚拟相结合的自主学习平台，开放多载体的丰富学习资源，提供形式多样的素质教育和知识服务等方式，切实满足全民阅读、终身学习、提升素质的社会公众信息知识需求。

(三) 高校图书馆知识服务管理的拓展与深化

高校图书馆应结合自身的发展特点与优势，不断探索实践知识服务的拓展与创新，积极开展了为企业科技创新、政府决策咨询、地方社会发展和学校事业发展等多层面的知识服务。

1. 为企业科技创新服务

第一，结合学校的特色和优势，定位面向中小企业。图书馆以学校工科特色的教学研究型综合性大学办学定位为主导，明确面向中小企业服务的定位方向；以学校高新技术企业孵化基地建设为服务载体，积极拓展企业服务发展空间；以学校高水平的专业人才资源为坚强后盾，建立了覆盖学校相关专业与学科的知识服务专家咨询队伍。

第二，服务切入点与落脚点，扶持中小企业科技创新。中小企业普遍面临着技术咨询服务缺乏、信息交流不畅等科技创新能力不足的现实问题。高校图书馆的实体机构科技信息研究所作为校企合作的平台之一，可大大提高高校科技成果的转化率，同时能提供全方位的科技信息知识服务，促进中小企业科技创新能力的提升。

第三，开拓信息知识服务项目，树立服务特色和品牌。图书馆立足企业自主创新能力提升和科技情报信息需求，不断拓展服务项目与服务领域。提供企业科技查新、情报咨询、成果转化与项目代理、专利分析与利用、知识产权贯标、数字化资源建设等多元化多层次的信息知识服务项目，同时也在科技查新服务、知识产权服务以及数字化资源建设等方面积极培育自身的服务特色与品牌服务产品。

图书馆在服务校内科技查新基础上，可以企业为主体，以市场为导向拓展科技查新服务，并且可以通过自主开发科技查新管理系统，从查新委托、查新审核、缴费等全流程加强管理，依托建立专职、兼职、辅助（学校招募培训的各个学科专业博士生、硕士生）三级查新队伍提升服务效能；及时把握国家和地区推进知识产权战略机遇，积极拓展知识产权服务，为企业进行专利挖掘并代理专利申报，为企业进行专利查新、国外失效专利的分析与利用，提供企业的知识产权管理规范服务；从数字化资源建设层面支撑企业情报资源，开发面向全球市场的企业竞争情报系统、面向产业转型和产品研发的专题数据库。

2. 为政府决策咨询服务

（1）馆所合作模式提供行业决策咨询。共建合作模式是高校图书馆与其他单位或团体合作以共建方式开展服务，双方通过优势互补，实现资源共享与合作共赢。图书馆可以与科技情报研究所展开全方位的双向交流合作，互派人员进行情报学的学位进修或实战演练，开展人才资源和数字资源的互补共享，面向政府提供馆所合作的创新集成信息知识服务，为相关部门提供行业决策咨询分析。

（2）发挥学科专业优势提供学科分析评估。图书馆依托建立的图书馆情报与档案管理学科点的专业优势，拓展文献计量在学科评估方向的理论与应用研究，立足从国际、国内、省内多方位，国际影响力、优势学科贡献度等多角度观测评价高校学科发展，为高校优势学科的建设与评估、学校的学科发展与科研管理提供决策参考依据。

3. 为地方社会发展服务

（1）构建地区文献资源共享体系，服务社会公众需求。本着共建共享共知、以完善公共文化服务体系促进学习型城市构建的服务理念，高校图书馆可牵头联合地区的高校图书馆、公共图书馆与社区图书馆开通地区文献信息资源共享体。市民在任何一个联合馆办理借书证后，即可免费借阅联合馆的图书、阅览报刊，利用共享体平台提供的"一站式"检索、跨区间的网上预约、通借通还、高效快捷的文献传递、联合参考咨询服务。

（2）搭建地方知识服务平台，服务地方科技创新发展。公共信息服务平台的建设是服务型政府重点推行的一项工作，图书馆主动参与融入地方科技公共服务平台的建设体系中，为地方政府机构搭建区域性、集成性、专业性的科技创新服务平台。如建立整合新兴行业专利信息数据的公共科技信息服务平台、整合重点产业的专利信息数据的科技信息服务平台，这些平台可以有效地推动地方经济发展和企业科技创新。

4. 为学校事业发展服务

（1）开展多层次的信息与文化素质培养。

一是新生主体的信息素质培养。高校图书馆在每年新生入学的金秋时节可以举办"叩响知识之门"文献资源利用服务月，包含信息资源、图情服务两大主题，采用专题讲座、现场咨询和检索大赛等多种形式，是图书馆新生入馆教育和大学生信息素质教育的重要组成部分。

二是研究生主体的信息素质培养。围绕"遵守学术道德，提高信息素养"主题，图书馆可以联合校研究生院每年举办"信息与科技"研究生系列讲座，有针对性地提高研究生在选题、开题、论文写作、专利申请、文献管理等方面信息获取与利用能力。

三是服务学校国际化发展战略的人才素质培养。高校图书馆可以通过联合学校国际合作与交流处、海外教育学院等部门，邀请外籍教师为大学生介绍国际名校的优秀视频课程，将国外著名大学顶尖学者的视频公开课引入第二课堂，拓展大学生国际视野；邀请新东方学校知名教师，开办"新东方学习讲堂"，扩展学生的知识面，提高学生外语能力与水平。

（2）依托机构知识库开展学科知识与科研管理服务。

信息技术的发展促使平台服务成为现代图书馆一种很重要的服务模式。高校图书馆可以通过搭建资源共建共享、科研团队协同创新、师生自主自助学习于一体的个性化服务平台，学科馆员通过学科服务平台嵌入重点学科团队的教学、科研环境，从学科团队的研究方向、研究领域、研究热点以及学科发展前沿等方面提供个性化信息知识服务。此外，为了给广大师生提供更为便捷和多元的"一站式"服务，高校图书馆可以将搭建的机构知识库系统与个性化服务平台建立有效关联，使高校的机构知识库实现可集中存储和分类展现学校的论文、专利、学位论文、教材、笔记、软件等科研教学成果；可为师生提供论文收录引用通知、期刊订阅、实验记录管理、笔记管理、论文写作助手等个人科研助理服务；可为管理人员提供成果统计、重要成果自动检测、报表自动形成等科研管理服务；可为科研学科团队提供团队资源的积累、分享与团队成员的交流协作服务。

（3）开展学科竞争力的分析评估。

基本科学指标数据库（Essential Science Indicators，ESI）已成为学术界、科技管理机构较为重视与信赖的计量评价数据库，高校图书馆在为教育厅提供高校 ESI 学科分析评估服务的同时，还可以着力于数据挖掘运用的精度、广度、深度，面向学校开展学科竞争力、学科"诊断"等多层面的深入分析，为学校确立研究性大学目标提供情报支持，为学校潜势学科发展对策提供决策参考。

（四）高校图书馆知识服务管理创新

1. 建设发展支撑平台

知识服务是以用户为中心，提供知识产品，满足用户需求和知识增值为目标的创新服务，进一步深化与拓展知识服务对于图书馆的服务理念、资源、技术、人才与能力等方面都有着更高的要求。高校图书馆要结合自身的转型方向与特色优势，来确立知识服务定位、建立发展理念共识，可通过采用自主自建模式、合作共建模式等途径，积极搭建一些丰富完善资源、吸引培养人才、锻炼实践能力、拓展社会服务的发展平台。例如，江苏大学图书馆积极开拓创新，成为"JALIS 镜像服务站"，设立教育部科技查新工作站，拥有图书馆情报档案一级学科硕士学位授予权，创办了图书馆学、情报学、档案学学术刊物《图书馆情报研究》，成为江苏省教育厅评估中心，成立了镇江市亿百特信息服务有限公司，建立了信息行为分析实验室，使多元化、深层次、全方位知识服务开展具有坚实的载体。

2. 健全优化组织机构

传统图书馆的组织机构体系并不能适应现代知识服务的有效开展，重组优化组织机构，是增强知识服务运行组织保障的基础。高校图书馆要打破传统图书馆以资源为载体的业务流程、岗位设置和部门设置的建设思路，采用以服务为主导、以需求为牵引进行业务工作流程重构、组织机构优化重组，将有利于进一步细化、强化、拓展图书馆的服务功能。例如，江苏大学图书馆近年来根据不同阶段的发展特点，进行了两次机构重组，新设立了学科服务部与特藏服务部，科技信息研究所作为服务研究与开展的实体专业部门，下设有教研室、编辑部、信息行为分析实验室、科技查新站、镇江市亿百特信息服务有限公司等二级组织机构，形成融"产学研服"为一体的新格局；学科服务部根据服务的对象与重点，下设有 ESI 学科评估分析、信息素质教育培训、个性化学科服务等系列专项工作小组。

3. 加强管理体制改革

知识服务是一种新的服务理念和服务方式，在传统图书馆的管理与分配体制束缚下，全面推进尤其是深化拓展存在较大难度，高校图书馆要加强管理体制深化改革，建立科学的管理模式和有效的激励机制。高校图书馆要对开拓性、创新性知识服务工作作为重点工程（如个性化服务体系工程、社会服务工程等）进行长期建设，通过实行项目化运行管理与考核，层层细化分解目标任务，量化考核指标，落实到部门、责任到个人；加强过程管

理，制作项目作战图，实时监控与督查协调。建立重实绩、重贡献、重考核的分配机制，充分调动馆员的工作积极、全面激发馆员的工作潜力。

4. 加强人才队伍建设

知识服务对其实施主体馆员的综合素质和知识结构具有较高要求，目前许多图书馆员的个人能力还难以真正嵌入、融合到用户的知识需求中，去开展深层次、拓展性的知识服务，加强人才队伍建设至关重要。高校图书馆可采取引进和培养相结合的方针，优化馆员的学历和专业结构；针对新知识、新技术、新理论加强岗位培训和管理考核，通过科学的长期的在职培训，全面提高馆员的综合素质。高校图书馆可以以图书馆情报档案一级学科点的建设为平台带动人才结构优化，引进博士研究、硕士研究，培养硕士研究生，其专业背景涉及多个学科领域；注重加强科技信息服务能力培训；充分整合利用校内多方优势人力资源，形成专家咨询队伍、服务合作队伍、服务辅助队伍等多支知识服务团队；采用市场磨砺到课堂实践的培养途径，将馆员推向社会打拼磨炼，全面提升服务能力，反哺教研学科服务，取得良好成效。

5. 强化知识管理

知识管理主要可以分为三部分：知识组织（或知识表示）、知识挖掘、知识评价。现在的数字图书馆建设主要是在知识挖掘上有一定进展，知识组织仍沿用传统知识分类方法，这对将来解决应用问题产生不利影响。

知识组织是为促使或实现主观知识客观化和客观知识主观化而对知识客体所进行的诸如整理、加工、引导、揭示、控制等一系列组织化过程及其方法。其目标在于对知识进行整序和提炼，通过数据仓库技术、元数据技术建立知识库，利用网络技术、群件技术建立共享的、便于传播的知识库。

知识组织在图书馆的应用要注意解决以下两个问题。

其一，知识在不同层次的表述。在知识咨询服务中，客户的问题可能是模糊的，需要咨询人员首先进行知识体系的辨识和分解。一般可分为三个层次：应用问题或交叉学科；行业或专业问题；具体理论、方法、事实知识单元。

图书馆的知识数据库应具有这些层次性，这一点《中国知识资源总库》做了一些先导性的工作，可供参考。它将知识划分为三个层次：①基本信息层，包括书、报、刊等出版物，博硕士论文等非出版物，图片、音频、视频、网络信息资源等各类源信息的数据库。②知识仓库层，根据各行各业知识需求定制的专业知识库。③知识元数据库层，知识单元构成的数据库。包括数值型知识元库、理论与方法型知识元库、事实型知识元库。

与之相关的、传统的图书资料分类方法与数据库条件下的知识分类方法以及高校学科专业分类方法均不相同，甚至图书馆自身也有《中国图书馆分类法》《中国科学院图书馆图书分类法》《中国人民大学图书馆图书分类法》之分，这阻碍了知识的传播与共享。图书馆要实现知识服务的市场化，其知识分类方法必须有所改变。

其二，馆际知识信息资源的共建共享。加强馆际的合作，大力发展专业图书馆和特色图书馆，有利于集中有限的资金搞建设，也方便客户借阅和查询。这也是图书馆数字化建设的一个主要方面。

知识挖掘也称知识加工分析技术，是对知识隐含内容、内在联系的挖掘，又可分为主题分析（如自动生成摘要）、领域分析、信息分析等，主要采用知识挖掘、知识发现、专家系统的技术。知识挖掘是现在解决信息爆炸、提取重要信息的主要技术。

知识评价是对知识价值、应用情况等的评价技术，是知识增值服务的重要一环，但需要现代信息技术和大量资金作为其统计基础。知识评价是图书馆知识管理具有一定优势的部分，试想如果用户查询的文献后附有该文献的引用率、借阅率等信息，他就可以马上判断出该文献的学术或经济价值，从而节省用户大量的时间并方便他做出决策。此外，对于希望了解行业或专业知识的客户，经典图书或文献的推荐，以及对图书进行入门、中阶、高级的划分将会是极受欢迎的。具体做法上可以借鉴像亚马逊网上书店等的做法。当然图书馆的评价应该是客观的，最好能依据数据统计，以免引起争议。

综上所述，知识经济和信息化社会的时代，图书馆的管理必须适应时代的要求，面向知识服务，加强知识管理，重组业务流程，开拓新的经营模式，走改革创新之路。

第三节　图书馆危机管理

一、图书馆危机管理概述

图书馆是一种社会公共领域，在其发展过程也必然会遇到各种各样的危机事件。这种危机事件不仅来源于环境的各种变化引发的图书馆与环境间的不适应性，也包含图书馆自身矛盾运动所引发的各类问题。

（一）图书馆危机管理的含义

当前，随着信息环境的数字化、网络化不断发展，人类信息获取方式正在发生前所未有的突变，人们的服务意识也空前地提高和觉醒，人类正面临"信息爆炸性增长与知识贫乏"的悖论困境。社会信息环境的剧烈变化和图书馆自身矛盾运动引发的各类问题，都要求我们强化图书馆的危机意识、加强对图书馆的危机管理研究，促进图书馆适应环境的发展要求并进一步实现跨越式的发展。

所谓图书馆危机管理，实际上就是针对图书馆发展演化过程中可能面临的各种危机制订各种危机管理预案，并对图书馆运行中出现的危机因子和危机事件从发生到消亡全程全面监控处理的管理理论与管理实践。

(二) 图书馆危机管理的特征

对图书馆危机管理的定义进行分析不难发现，该定义明确体现了以下几个方面的特征。

1. 系统性

它既涉及危机产生前根据系统矛盾运动的分析预测及危机处理预案制定问题，也涉及图书馆实际运行中的危机征兆识别和已经出现危机的处理问题，必须对图书馆危机进行系统分析与统筹安排，否则就会出现管理方面的疏漏。

2. 动态性

不同时间、不同地点、不同实体图书馆的危机类型应该也会体现出不同的特点，尤其是随着时间的不断演化，不同阶段所表现出来的危机更是有着非常大的区别。因此，在进一步对图书馆制订危机管理方案的过程中，必须在一定程度上能够适应这种动态性的变化要求。

3. 全程性

所谓全程性，实际上就是对图书馆危机事前、事中、事后所进行的有针对性的、较为全面的监控处理，可以说这是一个非常系统的工程，它并不等同于一些单一的危机处理，当然，从一定程度上来说，也不能等同于一些较为简单的危机公关。

4. 实效性

所谓时效性不仅应体现在危机事件出现时，更要体现在危机还没有爆发时，它主要包括危机管理的组织、制度、流程、策略、计划、决策等，涉及培养危机意识、组建职能部门、侦测并处理危机因子、建立危机预案和预警系统、处理危机事件、危机恢复、事后总结经验并学习改进等诸多方面的内容。

因此，图书馆在有针对性地进行危机管理时，不仅要从一般危机管理理论与实践中汲取知识和经验，同时还必须考虑到关于图书馆危机管理具有的独特性，从而制订出能够符合图书馆自身实际的危机管理预案，构建相应的危机管理系统，从而实现危机管理的有效性。

目前，国内的图书馆危机管理主要停留在理论探索层面，相应的实践还相对较为薄弱，显然，没有实践维度的图书馆危机管理研究并不是完整的，也是无法持续下去的。若想要有效地改变这种现状，当务之急就是合理地传播图书馆危机管理理念。只有这样，图书馆危机管理的实践才能不断健康生长，理论维度的存在才有一定的必要。

当然，这两个维度之间是存在一定的密切联系的，它们并不是处于一个孤立的状态的，图书馆危机管理实践是危机管理理论的一个重要基础，图书馆危机管理理论是危机管理实践的提炼升华，只有二者实现相应的关联，图书馆危机管理的价值才能真正得以明确地体现。

二、图书馆危机管理的内容

国外学者对危机管理过程的认识较为成熟，这方面的成果有助于我们把握图书馆危机管理的内容。如奥古斯丁（Norman R. Augustine）的六阶段模型：第一阶段，危机的避免；第二阶段，危机管理的准备；第三阶段，危机的确认；第四阶段，危机的控制；第五阶段，危机的解决；第六阶段，从危机中获利。罗伯特·希斯的 4R 模型：①缩减（Reduction）阶段；②预备（Readiness）阶段；③反应（Response）阶段；④恢复（Recovery）阶段。米特罗夫（IanI. Mitroff）和皮尔森（Christine M. Pearson）的 5 阶段模型：①信号侦测（Signal Detection）阶段；②准备及预防（Preparation&Prevention）阶段；③损失控制（Damage Containment）阶段；④恢复（Recovery）阶段；⑤学习（Learning）阶段。

（一）树立正确的危机观和危机管理观

危机观，实际是对危机的一种基本认识和总体看法，只有树立了正确的危机观，才能够在一定程度上形成正确的行为模式。一般而言，正确的危机管理观主要包括以下几个方面。

1. 危机管理常态化

危机管理并不是只有在危机爆发时才会存在，它是一种对危机因子和危机事件从发生到消亡全程全面监控处理的管理思维、管理方法、管理实践。所以，真正有效的危机管理，就是在危机还没有爆发时的一种较为常态化的管理。

常态化的危机管理要求树立危机管理意识，要将危机管理融入日常管理中，要有对危机的前因后果进行管理的敏感意识，以及建立科学的应对策略。

2. 危机决策要考虑多维因素

对于危机而言，不仅具有事实属性，也具有文化属性，所以在对危机进行相应的管理时，必须充分考虑到伦理规范、价值观、文化心理、公众认知等多方面的因素，不能用简单的因果思维进行决策。

3. 危机管理要有合作意识

在危机管理过程中，要有与国际国内相关组织、协会、项目以及企业、政府、社区、民众合作的意识，构建大危机防范系统。

4. 危机管理中要正确处理与媒体的关系

在信息时代，媒体是舆论的重要引导者，是社会的守望者，是主流价值的支撑者，所以，图书馆在对待媒体的时候应该持有一个正确的态度。要把过去那种仅把媒体当作应付对象的观念及时改变，积极与媒体进行沟通，通过它们发现存在的一些问题，将危机因子及时消灭于萌芽状态；在危机一旦爆发时，要争取得到媒体的情感支持，共同引导舆论的发展。同时，对于媒体的不实报道必须及时地进行纠正，争取主动权。

（二）图书馆危机管理的基础工作

图书馆危机管理的基础工作，具体是指贯穿危机管理全过程的相应管理工作，它具体包括沟通管理、媒体管理、记录管理三大方面。

1. 沟通管理

有助于及早发现问题，树立良好的组织形象，有助于提高危机管理的效度。它包括内部沟通和外部沟通，其管理内容主要有沟通的对象、目标、原则、计划、方法等。各图书馆应在实践中探索适合自己的沟通模式和方法，防止忽视沟通、沟通不力、沟通失误、沟通致危等情形的出现。

2. 媒体管理

媒体管理的主要内容包括：组建职能机构或指定负责人，确定媒体管理的目标和原则，挑选培训新闻发言人，收集分析媒体相关报道，及时处理媒体所反映的问题，与媒体保持密切联系，利用媒体发布信息、重塑形象，引导不利舆论向利己方向发展，利用媒体向政府表达图书馆的合理诉求等。

3. 记录管理

记录管理可以保存大量的数据、事实、资料、文件等，它可作为危机因子分析和危机决策的依据、事后的奖惩凭据、必要时的法律证据，它也有利于客观评估危机管理。记录管理需要对调查记录、评估记录、计划记录、培训记录、危机事件记录等分类、存档、入库，及时将结果反馈给危机管理的相关系统。

（三）图书馆日常危机管理

图书馆日常危机管理，实际上是指在图书馆日常工作中对潜在的危机因子进行相应的管理，以预防危机的发生，并建立危机反应和恢复预案，以减少危机事件给图书馆造成的损失，提高图书馆的危机恢复能力。

图书馆日常危机管理的内容包括：指定负责人员、调查评估危机因子、建立危机反应和恢复预案、开展培训演练、建立危机预警系统、进行危机预控。

1. 指定负责人员

由于图书馆发生危机的频率不像企业那么高，因此，国内图书馆几乎都没有设立单独的危机管理职能部门。这不能片面地说图书馆没有危机管理意识，其实从经济性上讲，图书馆单独设立危机管理部门成本太高，容易造成人力资源浪费。

我们认为，比较好的一个方法是，由图书馆的一位高层领导来负责危机管理，由其从各部门灵活抽调危机管理人员完成日常危机管理工作。而一旦危机事件爆发，也是由其召集各部门相关人员，组建危机管理小组，负责危机处理和善后。

这样一来，既能够合理推进危机管理进程，又对危机管理成员的日常工作不会造成太大的影响。

2. 调查评估危机因子

主要是调查图书馆有哪些潜在危机因子，评估这些危机因子转化为危机事件的频率、概率、影响群体、影响大小等。

调查评估危机因子可以使用两种方法进行。

（1）历史发生法，即本馆曾经发生过哪些危机，造成的影响怎样，是由什么危机因子导致的。

（2）行业对比法，即图书馆行业及相近行业曾发生过哪些危机，影响怎样，危机因子是什么。

当然，除了上述提到的两种方法，也可以适当地使用定性方法和定量方法进行，如头脑风暴法、德尔菲法、危机晴雨表法、现场考察法、数学方法、统计方法、计算机方法等。

总之，能够准确客观地进一步调查评估危机因子，是做好危机反应和恢复预案的重要基础。

3. 建立危机反应和恢复预案

所谓预案，有时也称为应急预案，是针对可能的重大事故（件）或灾害，为保证迅速、有序、有效地开展应急与救援行动，降低事故损失而预先制定的有关计划或方案。

在制订预案前，应对可能爆发的危机进行分类（可参照前面的危机分类方法）、分级（如突出级、关键级、难以解决级等），然后根据危机特点设立不同的预案。

图书馆反应预案必须明确在危机发生之前和发生之中，谁负责做什么、何时做、怎么做，以及相应的策略和资源准备等。编制格式和方法可以参考国家发布的《国家突发公共事件总体应急预案》。

在恢复预案的编制中，则要明确确定危机恢复对象，并进行重要性的排序，明确危机恢复目标、资源分配、人员配置、经费预算、奖惩标准等，注重危机恢复中的相关协调沟通。

这里应注意的几个问题是：危机管理预案要富有弹性，对备选方案要排定优先次序，几种危机并发时要优先解决关键危机，将危机预案印成文件或手册发给相关人员并进行有针对性的培训。

4. 开展培训演练

图书馆危机培训的对象既有图书馆高层领导，又有普通馆员、读者。通过培训演练，可以增强人们应对危机的能力，发现危机预案中的不足。

具体来说，可以合理运用的培训方法主要有：在职培训法、工作指导培训法、授课法、案例法、角色扮演法、行为模拟法、电脑化指导、电教培训、演习等。

5. 建立危机预警系统

危机预警系统是指组织为了能在危机来临时能尽可能早地发现危机的来临，建立一套能感应危机来临的信号，并判断这些信号与危机之间关系的系统，通过对危机风险源、危机征兆进行不断的监测，从而在各种信号显示危机来临时及时地向组织或个人发出警报，提醒组织或个人对危机采取行动。

危机预警系统由危机监测子系统、危机评估子系统、危机预报子系统构成。图书馆可根据自身特点选择建立电子预警系统、指标预警系统、联合预警系统等。

6. 进行危机预控

如果预警系统发出了预警信号，就应立即进行危机预控。危机预控的目的是在危机发生前或将要发生时对危机进行处理，及时排除全部或部分危机因子，如果不能阻止危机的发生，那么就要采取措施减少危机爆发造成的损失。

危机预控的策略主要有四个方面：①排除策略；②缓解策略；③转移策略；④防备策略。

（四）图书馆危机事件管理

图书馆危机事件管理，具体是指图书馆危机事件发生时，对危机所进行的有效性管理，它具体包括四个方面：组建危机处理小组、调查评估并确认危机、启动（调整）危机反应预案或重新制订危机处理方案并实施、危机发展态势跟踪监控处理。

1. 组建危机处理小组

由负责危机管理的高层领导根据具体的实际情况，从所需部门进行调配相关的人员，从而组成危机处理小组，明确各自具有的相关职责、任务，特别要确保危机中信息沟通的顺畅。

2. 调查评估并确认危机

由危机处理小组的成员对危机事件进行初步的调查，运用现场勘察法、询问法、文献调查法进一步弄清危机事件的经过、原因等，评估危机已经造成或将会造成的破坏、损失，确认危机的类型及涉及的范围。

3. 启动（调整）危机反应预案或重新制订危机处理方案并实施

如果危机类型是预案中已有的，那么就需要及时启动或调整预案，如果危机并不在预案范围内，那么必须紧急制订危机处理方案，然后有条不紊地予以实施。

在这个过程中，一定要处理好与内外部公众、媒体、公安、消防、气象、地震、防汛、文教等部门、兄弟图书馆、文化遗产保护组织、国际防灾减灾组织等的关系，以不断加强图书馆的反应能力。

4. 危机发展态势跟踪监控处理

有些危机具有持续性的特点，它会随着时间、事件、介入主体的变化而不断进行一定程度的蔓延。所以，这就需要对危机发展态势随时进行相应的跟踪监控，并予以妥善的处理。

（五）图书馆危机后续管理

图书馆危机后续管理，是指危机处于持续阶段或快结束或已经结束时所进行的管理，包括组建危机恢复小组、调整或重新制订危机恢复计划、危机管理评价、危机案例和危机管理评价的存档和运用。

1. 组建危机恢复小组

危机恢复是在危机持续阶段或危机将结束或结束后开始的，它所需要的人员、所涉及的机构可能与危机处理不一样，这就需要组建专门的危机恢复小组。危机恢复小组具有临时决策机构的性质，在危机恢复变为各部门的日常工作后就可解散。

2. 调整或重新制订危机恢复计划

由于危机造成的具体破坏往往与危机恢复计划有出入，所以，一般需要调整危机恢复计划。如果发生的图书馆危机未在预先制订的恢复计划之列，那就要根据具体情况，重新制订危机恢复计划。

3. 危机管理评价

危机管理评价内容包括对危机管理基础工作、日常危机管理、危机事件管理、危机后续管理全方位的评价。评价要做到信息准确、实事求是、客观公正、全面系统。各图书馆应根据自己的实际选择评价方法，如定性评估法、定量评估法，完善评价指标体系。危机管理评价是图书馆对自身存在问题及危机管理漏洞进行反思的重要阶段，它可以促进图书馆进行深层次变革，确保图书馆的可持续发展。

4. 危机案例和危机管理评价的存档和运用

利用危机管理中的记录管理成果，梳理总结危机案例，使之上升成文档，然后与危机管理评价一起存档或入数据库。这些资料不仅可以为日后的危机管理提供参考，也可作为危机管理培训的素材。同时，图书馆还可将这些危机管理案例和评价与兄弟图书馆分享，以提高共同应对危机的能力。

三、图书馆危机管理的原则与策略

（一）图书馆危机管理的原则

1. 统筹安排原则

图书馆危机管理是一个系统工程，单个危机事件的出现都可能涉及千头万绪的矛盾累积。因此，解决任何一个危机问题都不可能也不应该是"头痛医头，脚痛医脚"的管理策略，而应该采取系统工程方法，综合地统筹安排，才有可能把危机解决得较为彻底，并符合图书馆本身的发展要求。

一般来说，从系统角度考虑图书馆危机的解决方案，应做到以下几点。

首先，要明确危机的产生根源是什么，主要矛盾是什么。

其次，要弄清楚与危机产生相关联的因素、因素间的关联作用以及这些因素的可能发展变化。

最后，从系统的总体目标入手，把危机作为启动系统创新发展的契机，制订危机的长远解决方案。

在统筹安排图书馆危机解决过程中，一定要贯彻"提升危机意识、预防为主"的基本策略。图书馆应该重视在危机发生前从机制上做好防范工作，在危机的诱因还没有演变成危机之前将其平息，而不是等到危机对图书馆组织形象、公共关系造成损害的时候再采取行动。如果是那样，图书馆所付出的代价就是十分惨痛的。要做到对危机有效地预防，就需要有"防患于未然"的危机意识。这种危机意识的树立，不仅是对图书馆领导层来说的，还必须从上至下贯彻到图书馆的每一个员工，并要将这种意识上升为组织文化，使这成为全馆上下的自觉行为。有了这种忧患意识，有了这种为国家财产和读者利益高度负责的社会责任感，就一定能激发危机管理的自觉行动，就能在危机管理的全过程一丝不苟地做好机构设立、预案准备和完善、人员培训、安全监测、安全监控等全方位工作，使"预防第一"真正落到实处。

2. 重点差异原则

图书馆事业的发展过程，单个图书馆实体由于各种条件的差异，因而产生的危机也是千差万别的。有的危机主要来源于管理制度的缺陷，有的可能来源于经费的紧缺，有的可能来源于技术上的瓶颈，有的可能来源于优秀人才的流失，有的可能来源于资源结构的不合理，有的可能来源于服务水平与服务内容的短缺，还有的可能是诸多可能原因的综合，如此等等。

因此，图书馆在进行危机预案研究时，必须清楚本组织的主要矛盾是什么，与此矛盾相关联的一个或多个因素是什么，然后按照重点差异原则进行分析，对不同的危机给予不同的关注度并有针对性地设置不同的危机预警等级，从而实现区别对待不同危机的处理模式。

在重点差异原则的指导下，要注意的是对微小的危机不予重视的极端，树立"正视任何问题积极主动"的理念。事情无论巨细，只要成为危机，图书馆首先要做的事情就是必须意识到危机已经发生了，要采取积极的态度正视问题。

由此可见，当危机发生时，无论面对的是何种性质、何种类型、何种起因的危机事件，图书馆都应该正视存在的问题，积极主动地予以处理，即使起因不在己方，也应该首先消除危机事件所造成的直接危害，从舆论上、心理上赢得社会公众的认同，为危机的妥善解决营造良好的氛围。

3. 因地制宜原则

由于图书馆危机的产生根源不同，即使是相同的根源在不同时间、不同地点所表现出来的危机形式也可能千差万别，因此要根据实际情况，具体问题具体分析，因势利导，具体问题具体处理。为此，在制订危机预案时，我们一方面要充分汲取早期已经发生的各种危机的处理办法；另一方面应该结合本馆的实际情况，制订切实可行的危机预案，并且留有一定余地，为危机的灵活处理预置相应空间。

当危机已经发生时，具体因地制宜地处理危机时，要树立以下一些基本理念。

（1）及时果断和快速反应理念。即当危机爆发时，图书馆除了在态度上要表现得积极主动、正视问题外，在行动上也必须做到迅速有效，在短时间内及时对危机事件采取有力措施予以处理，避免由于延迟可能给图书馆带来更大的损失。

（2）真诚沟通理念。即图书馆在遭遇危机时，应该积极与外界（尤其是各类媒体）保持信息畅通，及时回应各种报道，不能弄虚作假，遮遮掩掩，否则会出现欲盖弥彰的形势，不利于危机局面的控制，同时要注意发布的各种信息必须保证前后一致。

（3）公众至上理念。即在危机处理过程中，图书馆应该将公众利益置于首位，更多地关注图书馆用户的处境，而不是考虑如何摆脱危机给图书馆带来的责任，这是由图书馆的公益性质决定的，同时也是图书馆重塑组织形象、及早从危机中恢复过来的有效对策。

（4）注重后效理念。注重后效理念，包括以下两个方面：

一方面，既要着眼于当前危机事件本身的处理，又要考虑到图书馆良好形象的树立和未来的长远发展，不能只关注眼前利益的维护，采取"头痛医头，脚痛医脚"的权宜之计，而应着眼于全面的、整体的、未来的高度进行处理。

另一方面，在危机过后，图书馆要对危机的影响进行评估，总结危机处理的经验教训，从危机中认识图书馆自身系统的弊端和局限性，从而提升管理的科学性和规范性，并从危机管理中取得多重效果和长期效益。

4. 互助协作原则

图书馆危机的具体产生可能是图书馆的某一部门，如读者服务部门、图书馆典藏部门、图书馆咨询部门，危机的具体处理应该是图书馆各部门共同协作解决。因此，互助协作原则应该是图书馆危机处理的基本策略。

建立全国性的图书馆危机管理协作互助组织，整合行业的力量来共同防御、应对危机，减轻危机对图书馆人员、馆藏等造成的损害。同时，要对遭遇危机的图书馆施以援助，帮助其迅速从危机中恢复过来。危机过后，要对危机管理的经验教训进行总结与分享，这对其他图书馆防控类似危机的发生、检查内部管理缺陷也具有十分重要的意义。在这一过程中，图书馆学会、学术团体、联盟机构等应该发挥自身的领导组织作用，积极组织并参与互助活动，为图书馆危机管理合作的开展提供组织上的保障。

此外，图书馆还应该积极参与多元主体共同组建的危机管理协作网络。无论是发生在某个具体图书馆的危机事件，还是大规模的波及整个社会的恐怖袭击、疾病、自然灾害等威胁，除了作为主体的图书馆要积极投入危机应对工作以外，还需要来自图书馆外部其他组织机构的相应帮助，如交通运输部门、物资供应部门、电信管理部门、灾害处理专家等。

5. 防范为主原则

防范为主，最有效的管理是阻止危机的发生，因而预防被理论与实践认为是危机管理的最高境界。

任何图书馆都不敢说自己没有危机隐患，现在没有过去有，过去没有将来也会有，别的图书馆的危机可以成为自己的前车之鉴。如果一个图书馆一点危机感都没有，那么当危机真的来临时，就会手足无措，无应对之招，各机构就会形同散沙，组织体系在大的危机面前就可能崩溃，不可能形成众志成城、全体馆员共同抵抗危机的凝聚力。

6. 预判报警原则

预防危机的关键是"预警"。通过有效的预警工作，可以使图书馆及时发现和鉴别危机征兆、前瞻危机的态势、改变信息的不对称性、提出危机管理的预案。

综观国内发生的图书馆危机事件，普遍存在预警失误问题，主要表现在：对危机预警的意识不强，对危机发生的预见性不足，对危机预警信息利用不完整，对公共媒体公关的预警不利等。

由于危机意识是防范与应对危机内涵层的思想观念，因此提高预警水平，必须使全体图书馆馆员有危机感，只有居安思危，才能未雨绸缪，从而具备对危机的预见性。"预警"是图书馆危机管理的重中之重，为此应有针对性地成立危机预警管理小组、制订预警管理计划、构建预警指标体系，还应该不断完善预警信息系统、确定报警级别、开展预警培训。

7. 快速反应原则

从危机事件本身的特点来看，其爆发的突发性和极强的扩散性决定了应对危机必须迅速、果断。危机的发展具有周期性：酝酿期—爆发期—扩散期—消退期。

与之相应，危机的破坏性往往随着时间的推移而呈非线性爆炸式增长，越早发现危机并迅速反应控制事态，越有利于危机的妥善解决。如果危机降临在图书馆时，有关领导和部门人员还按传统的惯性思维考虑问题，按部就班，慢条斯理，力求四平八稳，就会贻误"战机"，错过解决问题的最佳时间。对危机的反应速度，有学者提出"24小时法则"，即认为危机发生后的24小时之内化解危机最有利。

8. 主动积极原则

"祸"是躲不过去的，既然危机已经到来，图书馆就要勇敢地面对现实，不能逃避，不可隐秘，也不能沉默寡言，更不能推三阻四。

因为，纸是包不住火的，任何对事件的回避、遮掩都会阻碍危机的顺利解决，使事态越来越糟，甚至无法收拾。图书馆要从长远利益出发，不要在乎眼前的短期利益，在危机降临到头上时，要以开放坦荡的心胸、积极的姿态向社会传达一个负责任的公众形象。在中山图书馆"盗版书事件"中，图书馆的行动都是主动的、积极的，所以，也是非常有成效的。

9. 坦诚沟通原则

危机的本质是权利和利益的博弈，其外在表现形式就是双方情绪的对立。解决危机、就是要通过交流、磋商使双方在权利、利益方面达成某种程度的妥协，从而平息对立的情绪。

第一，图书馆在危机发生后，要有完善的内外部沟通渠道，做到内情外送、外情内递、上情下达、下情上传。如果没有信息收集、传播的渠道，或者有而不通，那么就无所谓"沟通"。

需要特别强调的是，图书馆不要主动关闭沟通的大门，否则将会惹起众怒，成为众矢之的，只能被动挨打。

第二，沟通要坦诚，要以诚相待，基本的要求就是"说真话，谈实情"。著名危机管理专家诺曼-R. 奥古斯丁曾经说过："我自己对危机的最基本体验，可以用六个字概括：说真话，立即说。"说真话，就是要向公众、媒体、政府权威部门、行业组织、调查组讲清事件的来龙去脉，表明真实的观点，提出具体的实实在在的解决问题的建议，"无可奉告""不明白""不知道""不好说"等答疑方式都会被认为是说假话；立即说，就是要在第一时间让各方面听到图书馆正规渠道发布的权威信息，掌握话语权，还能以正视听，使流言、谎言、谣言不攻自破，使媒体的谬误报道得以纠正。

10. 承担责任原则

是否遵循责任承担原则，实质上是考验陷入危机中的图书馆对于组织利益选择的不同态度。危机发生后，公众关注的焦点往往集中在两个方面。

一方面是利益的问题；另一方面是情感的问题。

无疑，"利益"是公众最关心的内容。尊重公众权益是处理危机的前提，危机到底给公众带来了多大的不便和利益损害，图书馆采取什么样的措施对公众进行补偿，这是必须考虑的。

危机事件往往会造成图书馆利益和公众利益的冲突激化，从危机管理的角度看，无论谁是谁非，图书馆都应该主动承担责任。如果图书馆为了"面子"，为了保护短期的利益而牺牲公众利益，将社会责任束之高阁，必将付出更大的代价，必将在危机的进一步发展中束手无策。具有强烈责任感、使命感的图书馆，必然会在危机中以公众利益为重，在尊重事实的前提下，勇敢地担负起应有的责任，为重新树立图书馆社会形象做铺垫。这种做法，与其说是危机给图书馆带来了挑战，不如说是为图书馆创造了新的发展机遇。

11. 配合协同原则

危机管理要重视协同因素的意义，必须从组织、制度与机制上保证协同效应得到发挥。在国外图书馆界，无论是理论还是实践，都非常强调在危机过程中地区性甚至全国性协作网络的建设，调动各方面的力量帮助特定的图书馆度过危机期。

12. 口径一致原则

对危机事件要专项管理，提高效率，还要保证发布信息的一致性、标准性。因为，不同立场的说辞，不同意思的表白会让媒体有欲盖弥彰之感，而正确地统一图书馆的对外口径等于统一图书馆的舆论出口，确保发布的信息客观、严谨。

第一，图书馆要成立相关的媒体应对机构，安排专门的办公场所，负责接待媒体的来访。

第二，确保有足够的对事件发生、发展了如指掌的人员从事对媒体的服务工作。

第三，制定信息发布的原则、组织制度和相关纪律，并在一定程度上拟定信息发布的内容框架。

第四，指定新闻发言人回答媒体的提问，除非迫不得已，其他人员不接受媒体采访。新闻发言人一般由熟悉政策、了解情况、有一定决策权的具备应变知识与应变经验的图书馆高层领导者担任。无特殊情况，新闻发言人中途不要更换。

第五，在回答媒体质询时，对于不能马上回答，或难以应对的问题，可以采取"正在调查""很快会有结果"等巧妙方式回避，以争取时间共同研究决定，切忌"不知道""还是不知道""无可奉告"等方式的回答。

（二）图书馆危机管理的应对策略研究

1. 图书馆危机管理策略构建的必要性

图书馆属于公益性服务机构，需要不断与外部发生作用以得到良好发展。进入现代信息环境，网络技术和计算机技术得到了深入发展，使得图书馆逐渐向着数字化、网络化、多元化发展。

但是，图书馆在现代社会也面临着信息安全危机、版权危机和服务危机等问题，严重制约了图书馆的科学发展，阻碍了图书馆朝着数字图书馆方向迈进。基于此背景下，探讨了图书馆危机管理应对策略，期望能够促进图书馆公益性、文化性的稳步发展，使读者能够享受图书馆提供的便捷服务。

2. 现代信息环境下图书馆的主要危机

（1）安全危机的威胁。

随着全球信息化建设的深入推进，使各种信息安全事件频繁发生，网络环境存在着诸多安全隐患。

图书馆信息安全威胁主要来源于内部网络，包括读者个人信息的窃取、馆藏信息的篡改和期刊的恶意下载等。这是由于图书馆内部工作人员缺乏安全意识和有效的应对方法，不同的工作人员也没有严格的权限制度进行把关，很多馆员经常在内部网络的计算机终端上随意插拔外部移动设备，甚至恶意盗取大量宝贵的读者隐私信息。外部非法人员则采用非法入侵的方式，将计算机病毒植入图书馆内部网络的计算机终端上，自动窃取数据信息。这些信息安全危机带来的问题不仅涉及个人隐私权益的保护，严重的还会威胁到国家和社会的安全稳定。

由此可见，虽然我们享受着网络技术带来的快捷和方便，但是周围随时存在着多种信息安全威胁，使得图书馆处于信息安全危机之中。

（2）版权危机的威胁。

公共图书馆在采购图书的过程中，经常由于工作人员的失误使得馆藏图书和文献存在各种版权问题，由此使得图书馆在提供服务时会出现侵权行为。而且，人为因素更促进了盗版图书和文献市场的发展，严重侵害了版权人的根本利益。

因此，公共图书馆在采购图书的过程中应该严格遵守各项规章制度，防止盗版图书和文献收录到馆藏资源中，同时应该加大检查管理的力度，如果发现盗版图书的存在应该立刻对其进行处理。公共图书馆的资源共享系统在建设过程中也容易出现版权危机，非法传播盗版电子图书和期刊文献的现象较多，图书馆之间互借音像制品、非法刻录音像制品都容易引发版权危机。为了能够有效防止公共图书馆版权危机的出现，图书馆主要采取的是加强自身管理的方法提高工作人员的版权意识，但是对于读者借阅图书文献的行为却无法控制。

然而，普通读者并不具备良好的图书馆专业知识，自身也缺乏版权保护意识，一些无意行为经常引起图书馆产生版权危机。例如，很多读者会在短时间内大量下载学术文献或者下载一本期刊的全部文献，这些都属于恶意下载行为，甚至导致图书馆不能使用期刊数据库，给公共图书馆带来了较大的负面影响。

（3）服务危机的威胁。

图书馆的服务危机，主要指的是在某种特定情况下，一些因素制约了图书馆的服务发展，转变了图书馆的服务理念，使得图书馆没有始终处于读者第一、服务至上的运行状态中。

目前，很多公共图书馆确实存在服务质量较差的情况，这是由于部分馆员职业素质不高、服务意识较差、工作态度不积极等原因造成的。服务危机在图书馆领域普遍存在，尤其是在现代信息环境下，导致图书馆的服务危机出现了更多的问题。满足读者的各种需求是图书馆的服务理念，但是，现代科学知识创新发展速度飞快，读者已经远远不仅限于学习书本上的知识。特别是随着平板电脑和笔记本电脑的出现，读者对于电子图书资源的需求日益增加。图书馆的电子图书资源丰富，信息检索方便快捷，成为众多读者的第一选择。

然而，很多读者仍然无法满足图书馆提供的传统服务，由于互联网具有便捷性和开放性等优势，逐渐受到了更多读者的青睐，读者可以通过博客、论坛等通信工具随时随地进行交流沟通，这些都是图书馆传统服务不能够提供的。

3. 现代信息环境下图书馆危机发生对策

（1）安全危机的解决对策。

由于网络安全危机的传播速度快，短时间内就会导致安全事件范围扩大。由此，公共图书馆的网络危机应对需要较强的专业知识，设置专门的机构和人员负责管理图书馆内部网络安全，由专门人员负责抵御网络危机的发生，并在网络危机发生时及时采取应对措施。由于网络危机随时随地都有可能发生，原因涉及公共图书馆日常运行管理的各个方面，而且图书馆部门和科室设置较多，一旦出现了危机问题难以分清责任，容易出现互相推脱的现象，如果设置专门机构负责管理信息安全危机，就会有专门的技术人员负责管理和维护，从而有效避免网络危机发生时各个部门相互推脱责任的情况出现。

当图书馆发生网络危机问题时，关键的不是当危机发生时能够采取有效的应对策略，而是应该在危机初期就能够消除安全隐患，由此，图书馆的信息安全管理部门应该对内部网络进行实时监测，尽量在危机初期或者还未形成危机时就将安全隐患完全清除。

图书馆的信息安全管理部门对内部网络的监测除了要保证防止计算机病毒和木马程序的入侵，还要定期查询相关网站，抑制网络危机苗头的产生。通过各种搜索引擎定期对图书馆的服务类型和服务内容进行关键词搜索，查阅相关网络评论信息，一旦发现问题要及时上报图书馆领导，避免负面信息在互联网中广泛传播，引致网络危机的发生。同时，信息安全管理部门还应该及时更新防火墙系统和相关网络设备，升级杀毒软件系统，保证图书馆内部网络的安全稳定。

（2）版权危机的解决对策。

公共图书馆不仅应该对内部工作人员加强版权教育，还应该积极向社会群众普及版权保护知识。图书馆可以设置单独的版权咨询部门，定期到社区开展图书版权保护教育讲座，使群众能够广泛了解版权保护知识和相关法律法规。图书馆可以聘请部分版权法律师到社区讲解典型图书版权案例，逐步加深社会群众的版权保护意识。

因此，图书馆对于版权问题应该非常重视，对新入职的员工要组织开展专门的版权知识教育活动，在投入实际工作之前就使他们拥有良好的版权保护意识。研究证明，公共图书馆对新入职的员工和社会群众开展版权教育培训活动，能够有效防止图书馆版权危机的发生。公共图书馆版权危机问题不能全部归结于法律法规的不健全，也不能完全归结于个人的私利目的。图书馆应该及时检查图书馆相关制度的设立是否合理，是否能够抑制或减少版权危机的发生，并不断完善图书馆相关制度规定。

目前，我国法律法规的修订和完善对于版权保护问题非常重视，图书馆应该单独建立版权管理部门，由专门的工作人员负责处理版权问题。由于版权问题经常涉及多个领域，因此，版权管理部门要多向法律专家、计算机技术专家咨询，积极为图书馆的版权危机管理工作提供有效帮助。

（3）服务危机的解决对策。

解决图书馆的服务危机首先要对内部工作人员进行服务危机教育，使工作人员充分认识到自己的岗位职责，加强服务意识，树立危机观念，积极主动地为读者提供相关服务，及时帮助读者解决在公共图书馆遇到的各种问题。

由此，不但能够有效提高公共图书馆的工作效率，还能够帮助图书馆树立良好的社会形象。当工作人员面对读者提出的相关建议和意见时，应该虚心接受、友好回应，将问题及时反馈到领导层，使读者在短时间内能够得到满意的答复。

因此，提高馆员的危机服务意识是进行服务危机管理和应对的基础条件。要保证图书馆的科学发展，必须提高其服务创新意识，创新意识也是保证图书馆提供良好服务、取得优势地位的关键。因此，公共图书馆应该采取一些方法，使图书馆的服务方式逐渐向多样化、个性化方向发展，尽可能满足每一位读者的需求。

同时，图书馆还可以组织开展图书推荐活动、读者论坛活动和学术讲座活动等，活动的开展也不能仅限于图书馆内部，而是要主动走向社区居民，主动贴近普通大众，使每个人都能到图书馆吸收科学知识，为社会群众提供一个相互交流、相互学习的平台。公共图书馆除了要提供丰富的服务类型，还要满足每一位读者的个性需求，这就要求馆员要积极与读者沟通和交流，分析读者的图书阅读习惯和个人喜好特点，利用网络技术和庞大的资源信息满足读者的个性化需求。打破传统公共图书馆只注重个别重点读者的需求，只要是到馆交流学习的读者，工作人员都要竭尽可能满足其切实需求，随着信息技术的飞速发展，图书馆之间也产生了强烈的服务竞争，这也带动了图书馆服务方式的创新发展。

综上所述，现代信息环境下，我国科学技术得到了前所未有的快速发展，但也使得图书馆面临着各种各样的危机问题。通过对图书馆信息安全危机、版权危机和服务危机进行深入研究，总结了危机产生的原因和带来的影响，提出了针对以上几种危机的管理建议和策略，具有一定的现实指导意义。

第四节　图书馆服务管理

一、图书馆外借和阅览管理

（一）图书馆外借服务管理

1. 图书馆外借服务的概念

关于图书外借服务，实际上是图书馆服务过程中最传统和最基础的一种业务活动。这是图书馆针对自己的服务对象提供的，允许读者将馆内藏书和其他类型的文献带出馆外进行使用的一种服务。

读者想要享受到这种外借服务，一般需要符合以下相关的条件。

第一，必须在该图书馆注册，成为该馆的正式的享有外借服务的读者。

第二，读者必须向图书馆提供一定的担保，这种担保有时是一定数量的金钱，有时是具有某种特定的身份。

第三，必须履行一定的借阅手续，遵守一定的外借规定才能获得图书馆的允许将图书或其他类型文献带出馆外。

读者享受的借阅时间是有限的。

2. 图书馆外借文献的管理方式

目前，图书馆对自己拥有的馆藏图书或其他类型文献资源的管理方式，一般包括三种模式。

第一，开架式管理方式。这种方式是现在最流行的一种管理方式，读者可以与文献近距离的接触，仔细挑选自己所需的文献内容。

第二，半开架管理方式。读者可以看到这些文献，但不能直接接触到这些文献，必须办理一定的手续才能使用这些文献。

第三，闭架式管理。读者只能通过检索的方式得到文献的相关信息内容，然后办理手续，才能接触到这些文献。

对这几种外借文献的管理方式，目前在图书馆都有被采用。根据文献的具体内容、形式、年代等因素由图书馆灵活予以掌握，在保证读者正常使用的情况下，年代较新、复本较大的图书一般采用开架和半开架管理，而对一些特种图书可以通过闭架管理进行一定的保护。

3. 图书馆外借文献的服务类型

对于允许外借的文献，图书馆的外借服务类型通常比较丰富，其中最主要的类型包括以下五种。

（1）个人外借。个人外借主要是指读者以个人的身份独立进行的，读者可以凭借本人的图书馆借阅证到图书馆服务台办理相关的借阅手续。

（2）集体或单位组织外借。集体或单位组织外借主要是专为相关企业、行政单位或具有团体性质的服务对象设立的一种文献外借服务方式。一般对这种服务对象的外借要求图书馆可以给予一定的优惠政策，如数量、时间等给予适当增加或延长。

（3）馆际互借。馆际互借是根据图书馆之间签订的某种合作协议，给予对方服务对象与自己服务对象相同的外借服务，以使更多读者或用户的文献信息需求得到满足。

（4）图书预借。对已经外借的文献，读者可以通过相关的预约，保证自己能及时获得该文献的使用权的一种外借服务类型。

（5）流动外借。流动外借主要是一种通过流通站、流动车、送书上门等形式实现读者外借文献的需求，目前这已经是公共图书馆系统中一种最为常用的服务方式。

（二）图书馆阅览服务管理

图书馆阅览服务，在一定程度上又称为内阅服务。具体主要是指图书馆利用自身的文献资源和空间设施提供给读者在馆内阅读的服务活动。阅览服务也是图书馆基本服务工作的重要组成部分，在当今社会的图书馆中，阅览服务与外借服务基本已经融合为一体，外借很多时候是在阅览的基础上进行的，很多图书馆的外借室又是阅览室，目前最流行的图书馆文献管理方式就是藏、借、阅一体化的服务模式，我们也可以称这种服务模式为"一站式"服务。在这种服务模式中，图书馆彻底采用了"以人为本"的服务理念，读者在阅览过程中不需要通过任何手续就可以自主实现文献的选择，充分享受了自由阅读方式带来的便利。为了能给读者提供更优质的阅览服务，图书馆应在阅览服务过程中，做好以下相应的工作。

1. 提供舒适的阅览环境

读者最常使用的地方就是阅览室，所以，对于多数图书馆来说，其的阅览室人群密度都比较大，环境也显得较为拥挤。然而，越是在这种情况下，图书馆越应该改善阅览室的环境。

（1）一定要对阅览室的桌椅精心挑选，尽量选择那些符合人体曲线的设计。

（2）能够保证阅览环境的光线，配备充足的照明设施。

（3）不断加强阅览环境的室内绿化，使读者在疲倦之余，能放松休息。

（4）保证室内空气清新、环境整洁。阅览室过多的人会导致空气污浊，因此，在保证阅览环境整的基础上，需要不断加强空气流通。

2. 保证阅览时间

图书馆的基础服务就是进行阅览服务，其开放时间的长短是衡量图书馆服务品质的一项重要指标。一般情况，除非工作需要，很多时候读者只有在其空余时间才能够走进图书馆。如果图书馆也同其他社会组织一样实行正常上下班和公休制度，那么有些人可能很难享受到图书馆提供的服务。

因此，目前很多图书馆都在节假日开放，个别公共图书馆还实行 24 小时开馆，全年无公休日的服务时间。所以，如果能在阅览时间上给读者以最大的保证，将是图书馆服务工作中一项实在的惠民举措。

3. 保证提供文献资源的数量和质量

鉴于阅览室是广大读者最常使用的一个地方，图书馆对阅览室的文献资源安排应从数量和质量上予以确切的保证。

所谓数量，就是指文献资源的种类尽量要齐全，要有一定的复本量，以保证读者的使用。

所谓质量，具体是指文献资源要尽可能丰富，文献的时效性要强。此外由于阅览室的文献利用率高，破损也相当严重，所以要注意随时进行修补，并及时淘汰那些无法修补的文献。

4. 平等阅读服务的方式

传统的图书馆阅览服务中，图书馆经常会为一些特殊的人群开设专门的阅览区，致使图书馆阅览室一边是人满为患，另一边则是座位空置。这就在很大程度上造成了图书馆阅览服务的不平等性，既然图书馆是一个公益性服务机构，那么每个走进图书馆的读者都应享受到平等的服务。除非涉及残障人士，对于普通人来讲，每个人都拥有平等阅读的权利。

二、图书馆参考咨询服务管理

参考咨询服务，其实是馆员对读者在利用文献和寻求知识、情报方面提供帮助的活动。它以协助检索、解答咨询和专题文献报道等方式向读者提供事实、数据和文献线索。

（一）参考咨询的特点

参考咨询工作在图书馆服务中，可以说是一种具有深层次的服务。

首先，参考咨询的内容必须具有一定的专业性，它是以图书、情报、信息为基础的具有专业性的服务。

其次，参考咨询的内容应该具有多样性。读者可能向从事参考咨询的工作人员提出各种各样的问题，这些问题涉及范围多样、种类多样、层次多样。

再次，参考咨询工作是一项实用性的工作，用以解决读者在文献获取时遇到的实际困难。

最后，参考咨询是一项智力性工作，它和外借、阅览服务不同，在参考咨询工作过程中，需要工作人员以自己的个人能力和专业能力来保证服务的进行。

（二）参考咨询的作用

图书馆参考咨询工作在图书馆服务工作中起到了一种非常积极的作用。

首先，参考咨询具有使图书馆情报职能得以充分发挥的作用。图书馆情报职能指的就是将无序的文献信息资源整理成有序的、有价值的、有针对性的文献信息，然后将其提供给有需求的读者，参考咨询可以很好地发挥这项职能的工作。

其次，参考咨询工作能不断地开发馆内的文献信息资源。工作人员在开展参考咨询工作的同时，能将馆内现有的信息资源进行开发，使之成为更加有用的或更方便使用的文献形式。

最后，可以有效地提高文献的利用率。读者或用户通过参考咨询以后，可以更好地了解图书馆的文献信息资源，从而更频繁、更高效地利用这些资源，使它们的使用效率得到提高。

（三）参考咨询的服务内容

参考咨询服务所包括的内容既简单又复杂，其主要工作内容包括以下几个方面。

1. 图书馆的服务指南工作

参考咨询工作的最基本工作就是对读者和用户的提问进行相应的回答。这些问题中很多是关于图书馆基本情况的问题，如图书馆的位置、一些部门的联系方式、某些业务的部门归属、图书馆的整体布局等信息。所以参考咨询工作主要是承担着图书馆的服务指引工作，其工作内容较为琐碎。

2. 图书、期刊等馆藏文献的定位和咨询

在读者对图书馆进行利用的过程中，经常会发生一些诸如找不到图书、期刊这些馆藏资源的情况。其中，有些是读者对于图书馆不熟悉造成的，有些则是其他原因造成的。咨询人员应根据具体情况及时给予读者帮助和解答。

3. 向读者做简单的检索方法介绍和检索工具的使用

对于一些不是十分了解图书馆文献信息资源分类情况的读者，咨询人员在做咨询解答时，有必要对读者进行图书分类介绍。对操作容易的检索工作，也应向其演示具体的使用方法，以培养读者自我服务的能力。

4. 专题性参考咨询工作

对于一些相对而言较专业化的课题或研究项目需要图书馆提供专题服务的，图书馆应根据实际的情况，组织相应的人员配合完成。

5. 读者咨询工作的反馈总结

对于咨询工作中经常遇到或常见性的问题，咨询人员应有计划、有目的地进行总结，有针对性地建立起一个反馈信息表，为以后的咨询工作奠定扎实的基础。

（四）参考咨询的服务方式

第一，有针对性地设立咨询服务台。在图书馆最显著的位置设立咨询服务台，由专人负责。

第二，建立 FAQ 标识版。在馆内相应的位置，设立常见问题的回答版，根据反馈信息及时公布回答的结果。

第三，电话咨询。向社会公布图书馆参考咨询的服务电话，在图书馆开馆时间内保证畅通。

第四，网络咨询。利用互联网、QQ、MSN 等方式建立相应的网络咨询体系。

三、图书馆文献检索服务管理

文献检索主要有广义和狭义之分，一般而言，广义的文献检索主要是指将信息按一定的方式组织和存储起来，并根据用户的需要找出有关信息的过程。狭义的文献检索则仅指该过程的后半部分，即从信息集中找出所需要信息的过程，相当于人们通常所说的信息查寻。图书馆基础服务中的文献检索服务指的就是狭义的文献检索。图书馆开设这种服务的目的是帮助读者节约时间和精力，使他们能方便快捷地获得所要查找的相关文献信息。

同时，还可以不同程度地为读者或用户提供最新的知识背景，这样能使读者和用户花费最少的时间了解到最多的信息资讯，并可以跨越语言和专业的限制，对其他国家和领域的文献深入了解。

（一）文献检索需要运用的语言

1. 分类语言

所谓的分类语言，实际上主要是指以数字、字母或字母与数字结合作为基本字符，采用字符直接连接并以圆点（或其他符号）作为分隔符的书写法，以基本类目作为基本词汇，以类目的从属关系表达复杂概念的一类检索语言。通常来说，著名的分类法有《国际十进分类法》《美国国会图书馆图书分类法》《国际专利分类表》《中国图书馆图书分类法》等。

2. 主题语言

主题语言，主要是指以自然语言的字符为字符，以名词术语为基本词汇，用一组名词术语作为检索标识的一类检索语言。以主题语言描述和表达信息内容的信息处理方法称为主题法。主题语言又可详细分为标题词、叙词、关键词。

3. 代码语言

代码语言，具体是指对事物的某方面特征，用某种代码系统进行相关的表示和排列事物概念，从而进一步提供检索语言。

4. 自然语言

自然语言，实际上主要是指在文献中经常频繁出现的一种任意词。

（二） 文献检索服务工作的步骤

对于文献检索而言，实际上是一项具有非常强的实践性活动，它强烈要求馆员在掌握文献检索的具体规律情况下，利用文献检索语言在可获得的馆藏文献和非馆藏文献中迅速、准确地查找读者或用户所需要的文献。一般来说，文献检索主要可分为以下步骤。

第一，对于读者或用户查找文献的目的与要求予以明确。

第二，选择适当的检索工具。

第三，对检索途径和方法进行确定。

第四，根据文献线索，查阅相关的原始文献，然后根据具体的要求提供文献检索的最终结果。

（三） 文献检索的途径

所谓的文献检索途径，实际上就是通过什么角度开始检索的一个过程，目前经常采用的方式主要有：

著者途径。通过著者、编者、译者、专利权人的姓名或机关团体名称字序进行检索的途径统称为著者途径。

分类途径。以学科分类为基础，从学科所属范围查找文献资料，主要是利用分类目录和分类索引。

主题途径。通过主题目录或索引，对反映一个主题方面的文献进行检索。

引文途径。利用文献所附参考文献或引用文献，而编制的索引系统进行检索。

序号途径。通过文献有特定的序号，如专利号、报告号、合同号、标准号、国际标准书号和刊号等进行检索。

代码途径。利用事物的某种代码编制而成的一种索引，如分子式索引，可以从特定代码顺序进行检索。

专门项目途径。从文献信息所包含的名词术语、地名、人名、机构名、商品名、生物属名、年代等的特定顺序进行检索，可以解决某些特别的问题。

（四）文献检索服务中常用的方法

1. 直接法

通常又称作常用法，具体是指直接利用检索系统（工具）对文献信息进行检索的方法。它具体分为顺查法、倒查法和抽查法。

2. 追溯法

这种方法是指通过不利用一般的检索系统，而是利用文献后面所列的参考文献，逐一追查原文（被引用文献），然后再从这些原文后所列的参考文献目录逐一扩大文献信息范围，一环扣一环地追查下去的方法。它可以像滚雪球一样，依据文献间的引用关系，最终能够获得更好的检索结果。

3. 循环法

循环法又称为分段法或综合法。它是分期交替使用直接法和追溯法，以期取长补短，做到相互配合。

在检索过程中，各种检索方法都要结合在一起合理地使用，以取得更好的、明显的检索效果。

四、图书馆文献传递服务管理

对文献传递服务的相关理解，其实是从早期图书馆情报机构作为馆际互借的一种手段出现在图书馆服务中的，从某种程度上来说可以是一种较为重要的资源共享方式。简单来讲，文献传递就是把特定的文献从文献源传递给特定用户的一种服务。现代意义的文献传递，主要是以信息技术的发展为基础逐渐慢慢发展起来的，具有简便、快速、高效的特点。

（一）文献传递服务的作用

1. 弥补图书馆的馆藏，解决馆藏资源不足的问题

由于受到各种客观条件的限制，图书馆是不可能完全拥有读者或用户需求的所有文献

信息的。而图书馆服务的最终目的，却是最大限度地满足读者或用户的文献需求，文献传递服务恰恰就是解决这二者之间矛盾的最好方法。

通过这种简便、易行的服务方式，读者或用户很快就能查阅到自己所需文献信息资源，在一定程度上保证了文献资源的提供能力。

2. 增加图书馆的收入，缓解图书馆经费的不足

一直以来，资金不足都是图书馆发展过程中的一个巨大瓶颈，虽然国家在一定程度上对图书馆的相关事业投入了极大的金钱，但是分解到每个图书馆的资金却是有限的，所以图书馆如何从服务中获得经济利益也是图书馆发展中需要注意的问题。而文献传递在图书馆服务中一般都是收费服务的项目，因此，如何合理地利用好文献传递服务的经济性就显得极为重要。

（二）文献传递服务策略

1. 转变传统观念，建立新文献传递服务思想

国外文献传递服务对我国图书馆的最大一个启示，就是要勇于冲破来自观念上的束缚，有效提高对文献传递重要性和必要性的深刻认识。图书馆在进行文献信息资源的采集时，在合理利用现有经费扩充馆藏资源的同时，应重新设计其馆藏资源形式，利用文献传递弥补资源的不足。

之所以这么做是因为，文献传递是以最少的投入而去获得最大的收益，其提供的文献范围广、品种齐全是任何馆藏都无法与之抗衡的。目前，发达国家基本上都存在地区性和全国性的馆际互借与文献传递系统。而图书馆评价体系，也应适当地根据文献传递服务的全面铺开，改变以往的评价标准，将可能使对图书馆的评价由"你拥有多少藏书"向"你提供多少服务"转移，以便更好促进文献传递服务的进一步发展。

2. 加强文献传递服务的宣传工作

大力地发展我国图书馆文献传递的服务，需要向文献传递服务的需求者进行全面系统的宣传，使读者或用户将未能获得满足的信息需求交给文献传递服务工作。而从事信息传递服务工作的馆员要及时按用户提供的要求进行检索、传递，力图在最短时间内使读者的具体需求得到满足。

3. 加强与文献出版者的联系

要做到切实执行国家知识产权法律、法规，最大限度地保证文献信息资源创造者的利益，图书馆要逐步与文献出版者保持利益的均衡。在适当的条件下，以各种方法充实馆藏

来满足出版者的利益，把知识产权保护渗透到文献传递服务中，使知识产权保护与文献信息的正常使用能够有机地结合在一起。

4. 充分利用网络信息快速发展的机遇

适当地将文献传递服务工作推向一个新的高峰。面对电子期刊对文献传递的挑战，不应该回避它带给文献传递工作的压力，而是要抓住这样的新技术为文献传递服务，以便为文献传递工作提供更方便、更快捷的操作平台，促进图书馆和个别读者间的联系，促进图书馆与图书馆间的联系，最终达到文献资源共享的目的。

第五章　图书馆的发展创新——数字图书馆

第一节　数字图书馆的发展演进

数字图书馆是在现代信息技术环境下应运而生，由英文"Digtal Library"一词翻译过来的。通常，它应该是对各种有价值的信息，包括网上电子信息和多媒体信息等进行收集、整理和规范性加工，以标准化方式进行保存、维护和管理，以计算机可读形式提供各种信息的检索和传播，并提供在广域网上跨库连接的电子存取服务。即数字图书馆是以数字形式存储和处理信息的图书馆，是将计算机技术、通信技术、微电子技术相结合的信息服务系统。

数字图书馆的概念是伴随着计算机技术、网络技术、多媒体技术和数字化技术的发展而被提出来的。

当前，通常人们所谈论的数字图书馆，主要还是指一类超大规模的、分布式的，可跨学科、跨地域和跨库检索的数字化信息资料库。在国际论坛上，数字图书馆有一个被不少人认可的定义，认为"数字图书馆是全球信息高速公路上信息资源的基本组织形式，这一形式满足了分布式和面向对象的信息查询需要"。人们认可这一定义，是因为这一定义中包含了数字图书馆的两个基本概念：一个是"分布式"，另一个是面向对象。前者说明数字图书馆可实现跨图书馆（跨地域）和跨物理形态的查询，后者则指明在数字图书馆里不仅要能查到线索（在哪个图书馆），还要能直接获得所要查找的东西（对象）。它从一定角度说明了数字图书馆的基本特点，但这一定义还在不断深化。

一、数字图书馆产生的背景

图书馆事业的发展和图书馆形态的变化，需要有图书馆系统内部环境的驱动力和社会外部环境的推动力。其中，内部驱动力主要是指图书馆因无法充分及时地满足社会需要和广大用户需求而产生的自我变革动力，外部推动力则主要来自图书馆所赖以存在的信息环境的变化，社会经济结构、信息技术结构、社会文化结构等的变动和相互作用推动了信息环境的变化，进而对图书馆的发展产生影响，推动着图书馆不断向高级形态演化。

（一）数字图书馆产生的内在因素

数字图书馆产生的内在因素就是：陷入困境的当代图书馆为摆脱困境、寻求新的发展机会的自我变革动力，当代图书馆的主要困境表现在以下几个方面。

一是传统图书馆主要收藏书刊等印刷型文献，而印刷型文献体积较大、存储密度低的弱点使得图书馆的馆舍空间不堪重负。

二是图书馆经费有限无法满足文献数量和期刊价格的大幅增长，出现严重图书馆经济危机，导致书刊品种和数量大大减少，服务能力和服务水平持续下降。

三是现代信息社会中，传统图书馆的信息服务落后、形式单一，远不能满足用户和社会需求。

四是传统印刷型文献有变质和自然老化等问题，再加上各种自然灾害和人为损害，加大了图书馆文献保护的开支与难度。

上述传统图书馆的困境需要图书馆在当今全新的信息环境中进行改造和变革，以适应信息环境的需要，其中大力发展数字图书馆便是变革方向之一。

（二）数字图书馆产生的外在因素

第一，进入 20 世纪 90 年代，全球范围内兴起了新一轮信息化浪潮，信息基础设施的建设是图书馆所处外部信息环境发生变化的重要原因，也是数字图书馆产生和发展的重要推动因素。信息基础设施建设中需要应用大量集现代信息技术的各种高新技术，为数字图书馆的开发和试验进行了技术储备。此外，数字图书馆示范项目已被列入全球基础设施建设规划中，各国和各个地区也都相应地重视建设适合本国或本地区的信息高速公路需要的数字图书馆。可见数字图书馆的发展也有政策驱动因素的影响。

第二，计算机网络的迅速推广与普及构成了现代信息环境的第二个重要变化面。它为数字图书馆雏形的出现提供了现实的网络环境和丰富的电子信息资源。

第三，电子信息资源的激增构成了现代图书馆信息环境的第三个变化面，这些电子出版物等电子信息资源一定程度上反映了对数字图书馆的重要性。像联机数据库、电子图书、电子期刊、电子报纸以及各大门户网站的信息都是构成互联网上信息资源的重要组成部分。

（三）数字图书馆产生的社会背景

第一，数字图书馆实际上就是伴随着网络的迅速发展而产生的，体现了数字化社会对信息共享和信息开放的根本要求，是社会信息化发展的必然产物，数字图书馆作为高科技经济的基础设施和必要条件，其所收藏的各类信息对于知识经济的整个过程都是必不可少的。数字图书馆凭借高新技术可快速地传播文化知识，不断推动全民族文化素质的提高，促进社会的进步和发展。

第二，数字图书馆是评价一个国家信息基础水平的重要标志。自美国国会图书馆与因特网连接，宣布它将迈向数字化时代以来，世界各国开始把图书馆列入信息高速公路的重要组成部分，加强对数字图书馆的研究。

第三，数字图书馆是 21 世纪全球文化竞争的焦点之一。在网络时代，技术和资源库是竞争力的重要组成部分。数字信息资源的网上交流具有先天的优势，它拥有一个非常庞大的潜在受众群体。这种竞争既是科学技术的竞争，也是文化和意识形态的竞争，更是知识经济时代的市场竞争。因此，大力加强数字图书馆建设，其意义和影响将是深远的，它是参与国际竞争的坚实文化保障系统，而且为国家创新体系的建立提供了充足的信息流通环境。

第四，数字图书馆建设有利于其他相关行业的发展。作为跨部门、跨行业的大文化工程，数字图书馆的建设曾被置于国家信息基础设施的高度上考虑，可见其重要程度，且数字图书馆工程的启动必将带动相关产业，尤其是信息产业和文化产业的发展，并通过知识的有效传播，最终关联到各行各业，从而产生巨大的经济效益和社会效益。

二、数字图书馆的发展阶段

与传统图书馆相比较来看，数字图书馆是以组织数字化信息及其技术进入图书馆并提供有效服务，主要表现在信息存储、处理、检索、传递、管理等方式将发生根本性的变化。以数字资源的制作、存储、管理、传输和服务为主要特征的数字图书馆，涵盖多个分布式，其大规模、可互操作的异构多媒体资源库群，可面向社会公众提供全方位的知识服务。它是文化产品的网络商务平台，是一个网络应用系统的数字信息资源基础数据库，这个库存有声音、文字、图像等信息。它是分布式的，通过计算机网络可以跨库查询，它的信息组织是按统一标准组织有序的电子信息，它运行高速宽带网络，将采用数据仓库、数据挖掘、数据推进等高新技术，为读者提供方便、快速、全面的服务。它是一个分布式的图书馆群体，是与平台无关的数字化资源集合，具有强大的信息传播与发布功能。

可以说，数字图书馆将实现对人类知识的普遍存取，并最终消除人们在信息获取方面的不平等，是面向未来互联网发展的信息管理模式：从数字图书馆建设的历史来看，世界范围的数字图书馆研究与建设实践一般都经过三个阶段。

（一）早期探索累积阶段

数字图书馆的构想最早可追溯到 1945 年，美国著名的科学技术管理学家布什（V. Bush）的影响最为深远。1945 年 1 月布什在《大西洋月刊》上发表《诚如我们想象的那样》（*As We May Think*）一文。文中他首次提出将传统的图书馆馆藏文献的储存、查找机制与当前诞生的计算机结合起来，构想并描述了所设想的一种 Memex 装备，它是一个机械化的个人文档与图书馆，即台式个人文献工作系统，能存储、检索他所有的书、记录及通信。这一构想的提出被视作包括今天的数字图书馆在内的图书馆情报学理论与实践的发端。1982 年，美国国会图书馆开始研究用光盘存储馆藏，这是文献数字化的前奏。美国人道林（K. E. Dowlin）首次对电子图书馆这一概念给出明确定义，他在 1984 年出版的《电子图书馆：前景与进程》一书中写道："所谓电子图书馆是一个提供存取信息的最大可能性并使用电子技术增加和管理信息资源的机构。" 1989 年《网络就是图书馆》一文中指出："理想的电子图书馆并非一个存储一切信息的单个实体。它通过网络提供系列化的收藏和服务。" 1992 年大英图书馆外借部计算机与数据通信工作组负责人哈利（A. J. Harley）把虚拟图书馆定义为"利用电子网络远程获取信息与知识的一种方式"。

在这一阶段，数字图书馆的建设主要以文献的数字化加工及数字信息资源的采集为核心，所选择的数字化加工对象多具有特殊的价值，技术上侧重于对所选择的文献信息进行数字化转换，对所需要的数字信息资源进行采集，对形成的数字资源进行组织，并提供对特定资源的检索与传递。其共同特点是选择反映本国历史与文化遗产的精品文献进行较大规模的数字化加工，并对其进行组织，以保存为目的，同时提供互联网检索与阅览，形成关于本国文化与历史的数字信息资源系统。

1998 年，中国国家图书馆开始对国外数字图书馆研发进展跟踪，并以馆藏资源数字化加工为突破口，提供读者服务。全国有许多图书馆等文献信息机构也相继开展了馆藏文献的数字化加工工作。比较突出的有上海图书馆对馆藏古籍、民国图书、地方文献、科技报告、中外期刊、音像资料、历史照片等文献的数字化，北京大学图书馆对馆藏古籍拓片的数字化，以及清华大学建设的"建筑数字图书馆"等。

（二）核心技术发展阶段

数字资源的原始积累阶段为日后数字图书馆科学、规范地开展数字资源建设提供了经验并奠定了良好的基础。但面对数字图书馆资源数量的不断增长，数字图书馆又面临处理海量信息的技术问题。早期文献数字化的实践多为简单扫描并以数字图片的形式存储在各类型存储介质上的数字资源，但信息技术高度发达的今天则应人们的需求迫切需要一个高可用度的信息系统，支持数字资源的生成、组织、检索、保存与发布。

从 20 世纪 80 年代末开始，美国一些大学和知名公司就对开发大型的图书馆自动管理系统进行了研究。这一阶段的数字图书馆建设以计算机网络通信技术和信息处理技术为基础，围绕数字图书馆体系结构、海量数字资源的存储与检索、数字资源的发布与服务、多媒体和异构资源的整合处理、大规模访问控制等核心技术问题进行研发，搭建实验系统，以期在各个领域建立相对成熟的解决方案，并逐步推广应用于其他数字图书馆建设实践。

中国试验型数字式图书馆是国家重点科技项目，在 1996 年于国家计委立项，组长单位为国家图书馆、联合上海图书馆、深圳图书馆、广东中山图书馆、辽宁省图书馆、南京图书馆、广西桂林图书馆等单位共同参与，于 2001 年 5 月完成鉴定验收。该项目创建了一个多馆合作的网络内容资源建设和共享体系，实现了一个基于分布环境的、以藏品建设为基础的数字图书馆应用系统，从功能上覆盖了对内容资源的采集加工、处理、储藏组织、管理调度、资源发布、用户利用等全过程，并支持分布式网络环境下多馆合作资源共建共享的模式，创建开发了数字资源加工系统、调度系统、资源发布系统和用户界面等，完成了 900GB 多媒体资源的建设与发布，在因特网环境下实现了资源的深层次标引、分布式资源库的跨库连接和无缝查询。该项目的研究成果为我国进行大规模数字图书馆建设做了必要的技术准备，取得了重要的实践经验。

在这一阶段国内外数字图书馆相关技术得到了飞速发展，在分布式系统结构、异构资源检索、数字资源长期保存、互操作、智能代理技术、个性化机制，版权保护与管理等方面都做了相当广泛而深入的技术探索，而国内特别针对中文信息资源处理的相关技术研发也取得了重要进展。

（三）服务的集成应用阶段

数字图书馆理论研究与实践的不断推进，以及资源的不断积累和技术篇决方案的日益成熟，人们对数字图书馆系统如何实现提供高效率、高效益的服务变得越来越关注。数字图书馆建设进入以各类型集成服务系统建设为核心的第三个阶段。

在这一阶段，数字图书馆建设的重心已经开始逐步向用户界面的设计及其功能实现方面转移，更多强调知识发现与知识交流，并试图构建以数字图书馆为核心的知识网络。而且，与资源建设阶段和技术攻关阶段对服务的关注有所不同，这一阶段的服务研究，更加注重系统功能的集成，致力在某种程度上能够提供给用户一个相对完整的信息体验。其建设成果主要以各类型数字图书馆集成信息服务系统为代表，包括美国国家科学数字图书馆

（NDSL）、英国国家学习网格（NGFL）、中国科学院国家科学数字图书馆（CSDL）和中国高等教育数字图书馆（CADLIS）等。

例如，我国上海交通大学数字图书馆的"资源随手可得，信息共享空间，咨询无处不在，馆员走进科学，技术支撑服务，科研推动发展"的服务理念，该馆基于 Primo 系统进行了二次开发，向用户提供名为"思源探索"的一站式信息服务平台。用户可以通过这个平台获得上海交通大学图书馆的馆藏目录、期刊/会议论文、学位论文、标准/专利等所有馆藏资源，以及网络资源、图书馆自建数据库等，该平台能够将从网络上获得的百科、书评、目次、封面、摘要等信息同时嵌入资源呈现界面，以帮助用户评价和选择资源。"思源探索"还向用户提供分类和整合检索、分面检索等功能，用户可以使用分类检索、二次检索、高级检索和标签检索等各种方式，对检索结果进行分类排序并筛选，并将所有与某一特殊文献、某一文献的多种表示形式、基于同一文本的不同版本以及特殊的单项相关记录集合在一起提供给用户。此外，"思源探索"还可以提供标签标注、RSS 订阅、个人信息空间、检索词百科功能和 MSN 机器人等 Web2.0 功能。

三、高校图书馆数字化转型发展

图书馆的建设水平一定程度上反映出高校的办学水平，为了顺应时代发展需求，加速推动高校图书馆数字化转型也成为高校建设的新课题。

（一）高校图书馆数字化转型的必要性

1. 满足学生的学习需求

高校图书馆推动数字化转型建设，便于满足学生知识学习的需要。在互联网时代，传统图书馆显然无法满足现代社会快节奏的需求，在大学生需要大量阅读学习的情况下，传统图书馆的搜索、阅读效率显然无法与网络搜索渠道相媲美。当前很多高校图书馆的管理服务还是以传统手段为主，这也导致图书馆资源管理、信息服务效率低，并且存在空间与时间层面的局限国。实体馆藏手工操作、服务单一、占地空间大等缺陷，导致了高校传统图书馆很多时候都是重藏轻用，重建设轻管理。信息高度发达的互联网时代，无法满足学生高效学习的需求。但是通过数字化转型，可以给传统图书馆的发展带来新机遇，推动图书馆向网络化、计算机化方向发展，面向的群体更多，管理和服务效率也会提升。

2. 现代化发展需求

数字化转型有利于高校图书馆实现现代化建设。传统图书馆转型成为数字图书馆，走数字化、信息化管理模式，就需要依靠计算机设备、信息技术作为依托。当图书馆不断充实内部的现代化设备，完善信息技术之后，必然会推动图书馆朝向现代化方向发展。而图书馆依靠现代化服务模式，可以为用户读者提供更加高效的服务，方便读者随时进行网上查阅、咨询、互动，甚至还可以网上交流，进行学术研讨。用户根据自身的需要选择功能，极大地展现了数字图书馆的作用。

3. 提升高校图书馆的地位

高校图书馆的纸质图书资源存在利用率低、藏书补充速度较慢的问题。随着信息技术的快速发展，高校师生获取文献资源的途径也越来越多，而高校图书馆的信息服务功能逐渐减弱。通过数字化转型，可以有效弥补这方面的缺陷，将实体书籍转换成数字化文献，从传统的手工操作转变为信息化、智能化操作，从被动服务到网络上的主动推送服务，服务内容、服务对象、服务手段也会变得更加多样化。通过这类高效优质的服务保障可以提升图书馆在师生心中的地位。

（二）高校图书馆数字化建设方向

互联网时代，信息资源的储存、传输趋于多元化、海量化，大量的书籍文献、信息资源需要更加高效科学的管理方法。图书馆在朝向数字化转型的同时，必然也会面对海量的信息资源，将实体文献数字化之后，必然也会让资源变得更加丰富多样，信息结构也会发生变化，比如，资源储存不再局限于传统的文字，而是由动画、视频、音频、程序等多种信息结构组成。数字图书馆的优势在于网络渠道的便捷，图书馆搜索引擎不仅具备了文字、音频、图片等搜索功能，还可以根据用户的阅读观看喜好来推送相关的视频、书籍、新闻资讯等内容。可见，借由海量数据为用户、读者提供多元化服务，是图书馆数字化转型建设的重要目标。

1. 搭建虚拟储存空间

高校图书馆数字化转型，就是将实体信息资源转化成为数字化信息资源，包括音频资源、数字书刊、视频资料等，这些信息资源的储存需要海量的储存空间。为此，就需要高校图书馆在转型过程中，重视计算机软硬件设施的投入建设，拥有足够的计算机储存设备才能确保数字化转型有建设的空间。目前，借助分布式文件技术、大数据技术、集群应用等技术的创新应用下，云储存技术也被应用到信息储存领域中。高校图书馆也可以借助云储存技术来扩大信息资源的储存空间，师生、读者可以借助计算机、手机等信息终端主动查询、借阅、分享信息资源，不必局限于到图书馆实体查询，对师生的学习阅读带来了极大便利。

2. 搭建数字服务平台

搭建数字化服务平台也是图书馆进行数字化转型的必要措施，也是未来数字图书馆发展建设的必然趋势。数字服务平台首先需要借助信息技术来完善系统架构，架构内部根据功能需要搭建了基础层、资源配置层、系统管理层、用户访问层。通过各层级功能之间的配合来形成一个完整的数字服务平台。基础层主要涉及软硬件设施，比如，光纤储存配置、SCSI 储存设备、NAS 储存设备等，这些设备借助 FC 光纤通道、局域网、互联网等设施进行连接，然后构建成为一个整体，并由图书馆服务平台系统管理；资源配置层，就是借助集群应用、分布式技术、虚拟服务器等技术来统一底层结构的资源，形成底层资源储存层，主要负责整合各类数据信息，提供资源访问、应用服务等功能；系统管理层主要是负责对虚拟技术来对各类型服务功能进行部署管理，为用户提供相应的服务接口、服务内容；用户访问层主要是为用户提供联络渠道，用户借助计算机、智能手机等终端设备来创建账号，连通网络之后便可以进入访问层，查询储存系统中开放的信息。

3. 创建高效的信息检索引擎

图书馆数字化转型的一个重要目标就是为了让书籍资料的查阅更加高效、便捷。图书馆的一个重要服务内容就是提供信息检索，传统图书馆的信息检索模式，多数都是需要读者自行到馆内翻阅查找。而数字图书馆则是为了改变这个现状，提高信息的检索效率，读者借助服务平台的搜索引擎，可以快速查阅自己想要的信息，并获取书本资料。图书馆数字化转型中，使用元引擎作为图书电子信息检索的核心手段。基于对传统检索系统、硬件设备的开发优化，可以使用超链接来实现网页和系统的对应，可以方便读者快速搜索信息。

(三) 高校图书馆数字化转型与服务创新

1. 资源整合、信息对接

在互联网时代，高校图书馆可以通过网络购买不同类型的数字化信息资源来扩充馆藏，但是这些资源可能分属于不同企业，而且数据结构可能也各不相同，效率低、成本高。信息获取太过烦琐，会降低信息资源的利用率，为此，高校图书馆应该积极优化技术，搭建校企合作的数字化信息服务平台。借助云储存空间、网上服务平台来促进数字化资源整合，也可以连通地区内的其他高校图书馆、信息服务类型企业，从而实现对资源平台、检索平台、教学平台的整合，促进数据信息挖掘、分析、传输端口的对接，丰富图书馆的功能。让高校图书馆的数字化建设，具备资源获取、补充、挖掘、研究等多种功能，可以有效提升高校图书馆的作用，满足高校日常工作中需要的教、学、研需求。基于云储存空间来搭建数字化服务平台，完善资源服务体系，最终构建一个集数据库、云盘、交流等多种功能于一体的信息服务平台。师生、读者的阅读、学习时间可以不再受到时间、空间的限制，方便学校师生可以利用碎片化时间来进行阅读学习。同时借助手机终端可以随时查询资料、记录学习笔记，或者是根据自身的需求来进一步加工知识、构建学习专题。而且借助数字化平台还可以实现信息共享，借助平台，可以让师生的课件、学习资料、心得等资源在平台中流转，方便师生之间进行日常的学习交流。

2. 精准推送、个性化服务

高校图书馆在提供数字化服务的同时，也要积极借助信息技术的优势，优化服务理念，将信息服务工作推向精准化、个性化领域。图书馆应该要关注师生日常学习、交流的诉求，利用大数据技术来了解师生的日常阅读偏好、兴趣，然后借助数字化信息服务平台来精准推送，提供个性化的阅读服务和学习指导。借助前沿信息技术来扩展当前的服务深度和广度，分析广大师生读者的历史借阅数据，汇总分析之后，可以为今后图书馆的新书采购、主题活动等提供指导，利用大数据获取的数据，可以及时分析了解师生的阅读兴趣、功能使用偏好等。然后利用知识内容的特性，来进行分类、关联规则、展示和保存知识。借助信息服务推送功能，为师生读者提供智能化检索引导、探究交流、问题处理等个性化服务，通过在系统内搭建个性化服务知识库，可以收集保存师生读者的个人信息，分析读者的兴趣爱好、学习方向，然后向其推送相关的书籍、资料、文献等，提高读者的学习阅读效率。

3. 转变模式、丰富内容

传统图书馆提供的信息资源多是以文字、书籍的方式。图书馆数字化转型过程中，就可以在传统模式的基础上，提供比如视频、音频等半结构信息资源来丰富信息阅读体验。尤其是新媒体平台热度较高的当下，各类在线短视频平台的受众群体规模十分庞大。高校图书馆现在可以顺应自媒体时代的发展趋势，短视频创作当前进入百花齐放的时期，高校图书馆在数字化建设过程中，可以借鉴抖音、B站、今日头条等视频以及资讯平台的运营办法，鼓励学校老师、学生都可以加入视频、文案、学习资料、专题报告的制作当中，并且给制作者们提供一定的经济报酬。通过形成有效的激励机制，提高师生参与制作、分享知识视频的积极性。拓宽高校图书馆的服务、交流形式，通过视频知识服务，为广大师生读者提供更加自由、开放的信息资源交流平台。让他们不仅可以进行信息查询，还可以实现自由创作、分享，并提出意见建议，进而不断完善数字化建设。

第二节 数字图书馆与传统图书馆的关系

数千年来，图书馆随着社会的变化与进步，也在不断地发展与完善着，并逐渐演变为一个充满人文情怀、提供服务、信息以及知识的社会重要公共场所。近年来数字化技术的快速发展，也在图书馆中得到了显著的体现，数字图书馆逐渐成为图书馆发展的新趋势。然而发展更替也必然会带来新的矛盾，如何正确地处理数字图书馆与传统图书馆之间的辩证关系，进一步促进图书馆的发展的完善，使其能够更好地满足当代人们对于图书馆的需求，是当今社会面临的重要问题。

一、数字图书馆与传统图书馆的区别

（一）形式与内容上的不同

传统图书馆主要收藏印刷型的纸质文献资料，因此需要一定面积的馆藏建筑用于储存浩繁的纸质文献资料、地点固定，且由特定的开放时间。而数字图书馆又被称为"虚拟图书馆"或者"无墙图书馆"①，其主要内容是数字信息，并通过网络技术为读者提供快捷高效的数字化信息服务，不受时间与空间的限制。

（二）工作内容上的不同

传统图书馆的工作内容是围绕着"书"来进行的，并按照文献资料的加工流程设立相应的部门，如阅览、流通、典藏、编目、采购等，从文献资料的采购、进馆、验收再到最后与读者见面，往往需要很长的周期。数字图书馆在工作流程上相对比较简单，其工作内容主要以"用"为重点，突出对信息资源的利用与开发，一般按照所提供的服务功能进行组织结构的区分，如数据安全维护、信息导航、数据库开发、信息采集等，整体工作效率相对较高。

（三）评价标准上的不同

二者的评价标准也不同。传统图书馆往往以图书馆的藏书数量以及是否有珍贵文本典

---

① 王燕平. 传统图书馆与数字图书馆的关系 [J]. 东南文化, 2003 (11)：95~96.

籍等作为其价值的评价标准。同时，图书馆的建筑风格、占地面积、为读者提供的阅读场所的舒适性等也对其评价有着一定的影响。而对于数字图书馆则通常以信息获取能力以及服务的智能化与便捷化作为评价标准，要求图书馆要具备能够随时随地为提供读者所需信息的能力。

二、数字图书馆和传统图书馆的联系

在探究数字图书馆与传统图书馆之间的关系时，需要认识到二者是相互弥补、相互促进的辩证关系，不能将二者完全独立开来。正确认识数字图书馆与传统图书馆之间的关系，有助于促进图书馆事业的进一步发展。

（一）传统图书馆是数字图书馆的基础

数字图书馆的数字信息资源建设大部分都是依靠传统图书馆或者相关的信息服务机构对印刷型的文献资料进行收集与加工再转换成数字信息的形式，因此其内容大多数来源于传统图书馆的文献资料，尤其是非电子型的文献资料。可以说，若没有传统图书馆的典藏工作为其提供良好的内容基础，数字图书馆也无法实现自身信息资源的丰富性。

（二）数字图书馆是传统图书馆的发展

数字图书馆是信息技术高速发展下图书馆衍生的产物，是传统图书馆的延续，也是传统图书馆自动化与现代化发展的高级形态。传统图书馆的工作流程以手工操作为主，馆藏服务与借阅服务是其主要服务内容。数字图书馆则将传统图书馆的以藏为主转变为以用为主并实现了藏与用的高度结合。同时，读者的阅读方式也随之发生了极大的变化，从到固定场所借阅纸质图书，转变为在任意有网络的场所就能够通过互联网检索并获取自身需要的一切信息。尤其是智能手机与平板电脑的发展与普及，使得人们更能够随时随地地使用数字图书馆。数字图书馆使得传统图书馆的服务领域得到了前所未有的拓展，更好地满足了更多读者的信息需求。

（三）数字图书馆与传统图书馆两者相互依存，优势互补

随着数字图书馆的发展与普及，传统图书馆虽然受到了一定形式上的打击，但从长期来看，二者必然是相互并存，并且优势互补的，其中任何一方都无法完全取代另一方。

从传统图书馆而言，其目前已收藏有海量的印刷型文献资料，要在短时间内将其转换为数字信息的形式是无法实现的，而且其与数字图书馆所提供的服务不尽相同，二者并不

存在着矛盾与冲突。同时，随着电子书等数字资源的普及，人们反而更加眷念纸质书籍所带来的阅读体验与感官享受，因此只要人们还存在着信息需求，就必然离不开传统图书馆。此外，传统图书馆还具有数字图书馆所缺乏的功能，如对珍贵文献资料的保存与收藏、对知识产权的保护、举办各种类型的学术讲座等。

从数字图书馆而言，其在很大程度上弥补了传统图书馆的不足。如数字图书馆的云端储藏功能，就能够很好地对文献资料进行永久性的保存，避免了传统图书馆中纸质文献资料丢失或损坏的弊端。同时，信息时代的到来所形成的数字资源爆炸性增长也为传统图书馆提供了丰富的信息资源保障，其数字检索与随时随地查阅的功能也极大地强化了传统图书馆的教育职能与服务职能。

总的来看，传统图书馆与数字图书馆作为当今人类信息获取的两大场所，二者是相互依存、互为补充的。在图书馆事业发展的过程中，应正确认识二者之间的辩证关系，才能更好地满足读者与用户的个性化阅读需求，并提供更加便捷高效的服务。

第三节　数字图书馆建设发展的模式

一、数字图书馆建设发展模式的类型

（一）政府主导模式

数字图书馆在我国的发展经历了很长的时间，发展前期主要的建设模式以政府为主导，这种模式中出资立项方是中央政府或者地方政府的相关部门，相关的单位或组织作为数字图书馆的运行和实施主体，建设的项目具有公益性和示范性的特点，馆内的数字资源往往无偿或低价为读者提供。馆内的数字政府主导模式的数字图书馆项目主要有：教育部作为出资立项方建设的高等教育文献保障体系作为出资立项方建设的中文元数据标准规范项目、国家发改委作为出资立项方建设的国家图书馆二期工程暨国家数字图书馆基础工程。

（二）图书馆自主模式

随着时代的发展，图书馆自主模式逐渐成为建设数字化图书馆的主要方式，在这种模式中，图书馆是投资方也是运行和实施主体，自己投资对图书馆进行改造升级，对馆内的资源和馆藏以及文献进行数字化改造，为读者提供检索文献的服务。换言之，这种改造是在原有实体图书馆的基础上的数字化衍生产品。总体而言，这些建设停留在开发简单的技术和建设数字化信息资源的阶段，技术水平较低，但是这些建设工作为国内建设数字化图书馆奠定了坚实的基础。

（三）商业公司独立模式

数字图书馆对技术的需求不断提高，市场潜力不断扩大，这些隐藏的商业价值引起了许多科技公司的注意，为了争取市场份额，在政府和相关政策的允许下，一些网络信息企业纷纷进入这个行业，数字图书馆建设开始形成商业公司独立建设的模式。国内最早研究和开发数字图书馆技术的企业是北京超星技术发展有限责任公司，在 1997 年建立了首家数字图书馆，名为超星数字图书馆，以图像存储技术为主要内容。随后，北京书生科技有限公司开始涉及数字图书馆相关业务，并进入市场。另外，商业公司独立建设数字图书馆的模式要以市场为中心，先进的信息技术和设备为基础，多种经营方式发展，形成集成化的信息资源加工模式，提高服务水平。

（四）公私合作模式

2003 年徐引篪和黄颖提出了建设数字图书馆的新模式——公私合作模式，并发表了《数字图书馆建设中的公私合作模式》的文章，对这种模式进行了详细阐述。他们认为公私合作模式是在市场经济的法律和制度允许范围内，秉承保护和充分发挥知识产权的作用的要求，公共部门和私人部门同时作为主体合作建设数字图书馆，这种模式能够最大限度发挥出公共部门和私人部门的优势，充分利用市场经济体制中对知识产权的高效资源配置，实现价值和效率的最大化。当前，我国也在积极研究和探索公私合作的方式，比如中国数字图书馆有限责任公司，就是由国家图书馆作为出资方和控股方。

二、数字图书馆建设发展模式的构成内容

数字图书馆项目是个复杂的系统，主要包括四部分内容——技术支持、管理、服务和资源建设等，这四个要素建设水平和协调程度的高低决定了图书馆项目是否会成功。

（一）技术支持

1. 从旁观到主动参与

我国数字图书馆的建设在发展早期，传统的实体图书馆是其雄厚的基础。随着信息化

技术的发展和广泛应用，越来越多建设者认识到技术在数字图书馆各个发展阶段的重要性，技术研发上的突破对数字图书馆的建设和应用有重大的推动作用。换言之，数字图书馆发展的动力来源于技术，而且技术支持和资源建设在数字图书馆的建设过程中应该处于同等地位，并且尝试和科研机构、高校进行合作，共同研究和开发数字图书馆的相关技术。这样一来，数字图书馆建设中技术支持部门的角色发生转变，从旁观者变成了参与者。

2. 从单一变成复合的共享方式

信息化时代的到来，人们对信息技术和产品的需求、依赖程度越来越高，近年来云计算成为信息技术的焦点，受到人们的关注，云计算一般是指将大量的计算机整合到一起形成资源池完成计算任务，各种相关的应用系统和设备从中获得软件服务、计算能力和大量的存储空间。如果在数字图书馆中应用云计算技术，不仅可以节省硬件设备和成本，从云计算平台便可以获得海量的存储空间和迅速的计算能力；而且可以实现各个数字图书馆项目之间的基础设施共享和数字资源以及特色服务共享。云计算的应用将给数字图书馆技术带来巨大的突破，资源共享从单一变成复合，不再是以往的数字资源共享，还能实现软件资源和硬件设备的共享，称之为复合共享。现在国内已经有数字图书馆开始进行云计算技术的探索，其中成效较好的项目是中国高等教育数字图书馆系统三期项目，这个项目由中国高等教育文献保障系统承担，这个项目提出了 CALIS① 战略建设 CALIS 云服务平台，将 SaaS、SOA、云计算和 Web2.0 技术融合到一起。这个平台也叫 Nebula 平台，通过建设多层级的云服务中心提供私有云服务在高校图书馆中广泛应用。目前这个项目已经完成了云服务平台的框架，基本建成了 Nebula 开发平台、统一用户、Nebula OSGi 框架、本地基础平台核心板和典型应用系统，初步完成了部分核心服务、基于 Hadoop 的大数据资源存储服务系统原型和公共服务平台框架。

（二） 管理

第一，国内数字图书馆的发展是从无序到有序的规范化过程，并且规范化的有序发展是数字图书馆在我国必然发展趋势。各个图书馆的建设容易造成资源浪费，而且统一的规划和建设标准有待加强，这样才能使得各个图书馆的运行管理方式有所不同，特别是在元

---

① 中国高等教育文献保障系统（China Academic Library & Information System，CALIS）的宗旨是，在教育部的领导下，把国家的投资、现代图书馆理念、先进的技术手段、高校丰富的文献资源和人力资源整合起来，建设以中国高等教育数字图书馆为核心的教育文献联合保障体系，实现信息资源共建、共知、共享，以发挥最大的社会效益和经济效益，为中国的高等教育服务。

数据格式、用户界面、结构、功能、检索方式、通信协议等方面，力求能够使图书馆的数字系统兼容，资源共享得以实现。

第二，数字图书馆经历自主化建设到合作建设的过程。数字图书馆的建设是一个复杂的系统，往往涉及不同地区、不同部门和不同行业，所以这就需要形成统一的标准和规范化的制度以及一致的工程目标，多方通力合作。比如，美国建设数字图书馆的过程中，就实现了图书馆行业、信息服务产业、新型的数字信息服务业和出版业等产业的合作。他们成功的关键在于突出研究中各个产业之间的合作关系，制定出的战略和统一规划可以将开发商、用户和研究者紧密结合。

（三）服务

1. 从以营利为目的回归到公益本质

一般而言，建设数字图书馆的基础是传统的实体图书馆，并以此为主导，而传统的图书馆具有公益性的本质属性，公益是其最重要的原则。但是，在实际发展过程中有所偏差。众所周知，数字图书馆是由政府主导并投资，实施市场化运作和管理方式，追求市场利益和价值，私益性代替公益性成为主要追求目标。国外数字图书馆则恰好相反，更加强调公益性，比如联合国教科文组织发起的项目"世界数字图书馆"，它的建设目标就是实现世界各个国家、各个地区和各个文化机构的珍藏资料的数字化，而且通过互联网免费开放给全世界所有用户。随着国内读者的阅读需求和对图书馆文献、资料的需求度越来越高，国内的数字图书馆建设也更加重视公益性原则，并开始免费开放各自的数字资源。

2. 从"一户一馆"到"每户一云"

数字图书馆的价值之一就是为大众提供服务，这种服务价值也体现在包括博物馆、档案馆和图书馆在内的传统性、为读者提供信息服务的机构中。而且随着云计算技术和理论与数字图书馆的深度融合，可以想象未来的数字图书馆也是一片"云"，这片云中包含了海量的数字化资源，而且每个数字图书馆都是其中的"结点"。云计算中每户一云的形式将取代传统的一户一馆的方式。对所有用户而言，云计算为他们提供了同一个用户界面，对于所有信息服务机构而言，他们为用户提供的所有信息都通过这片云分配，同时这片云也将收集到的用户需求反馈给每一个信息服务机构。如果遇到一些比较复杂的问题，还需要不同信息服务机构和数字图书馆合作解决。比如涉及一些交叉学科的问题，需要本领域和相关领域的专家合作解决，还需要各个数字图书馆合作，共享信息资源，实现服务协作化，实现数字图书馆价值最大化的保障就是服务协作化。

（四）资源建设

1. 从资源数字化到数字资源的收集

我国数字图书馆的主要建设内容是加工二次文献和数目信息，将馆藏实体文献进行数字化处理，将包含全文数字资源、多媒体资源和网页等在内的数字资源进行收集整理。其中，还包括电子报纸、电子档案、学术性电子期刊、电子图书和电子博士硕士论文在内的全文数字资源。就目前各个数字图书馆的建设而言，其重点主要集中在馆藏文献的数字化上，但是，各个图书馆拥有的馆藏文献是有限的，而且随着技术的发展，新出版的文献都有电子版并不需要进行数字化处理，所以相信用不了多长时间图书馆的所有馆藏文献都可以实现数字化，等到那个时候，数字图书馆的建设重点便转为如何整理收集、保存和充分利用这些已有的数字化资源。

2. 从规避版权到保护版权

数字图书馆能否实现长远和持续发展，关键在于如何保护和利用知识产权。在知识经济时代，知识产权是最为重要的财富和资源，谁掌握的知识产权越多谁在竞争中便占据优势地位。发达国家一直非常重视保护和利用知识产权，这种保护和利用并不是建立在规避知识产权的基础上，因为各种小规避会造成更大程度的规避，而知识产权的保护和利用会促进知识产权行业的良性发展，刺激越来越多的行业、企业争相创造。

此外，要充分保护和利用知识产权，把我国建设成创造、利用、保护和管理知识产权水平较高的国家。在保护知识产权方面，《国家知识产权战略纲要》提出"修订惩处侵犯知识产权行为的法律法规，加大司法惩处力度。提高权利人自我维权的意识和能力。降低维权成本，提高侵权代价，有效遏制侵权行为"，关于如何让知识产权的使用合理化，认为制定相关法律法规，合理界定知识产权的界限，防止知识产权滥用，维护公平竞争市场秩序和公众合法权益等，由此可见，建设数字图书馆最重要的内容之一是如何利用和保护知识产权。

3. 从单一的政府投入到多元化投入

在数字图书馆建设早期，资金来源主要以政府及政府相关机构为主，资金来源单一。数字图书馆隐藏的巨大市场价值受到许多信息技术企业的关注，因此吸引了越来越多的信息技术企业加入这个行业成为出资方建设数字图书馆，比如超星公司作为出资建设的超星图书馆。以上这两种资金来源是我国目前市场上全部的方式。但是在国外，除了上述资金来源，还有企业、行业协会、个人和民间组织、基金会等渠道。

近年来，基金会迅速发展，数量急剧增加，特别是随着国家出台了越来越多有利于数字图书馆发展的政策和法律法规，大量的基金会将加入数字图书馆建设的行列中。而且，政府特别鼓励行业协会、个人、民间组织和企业成为数字图书馆的投资主体。

第四节　数字图书馆的用户管理探究

一、数字图书馆用户关系管理的特点

就用户管理而言，现阶段的数字图书馆受众更加多样，相应的服务范围与服务内容也在不断增多。采用团体方式购买所需资源，成为大规模需求统一用户的首选。伴随着网络技术的发展，地域或空间不再具备以往的局限性，通过数字图书馆，用户需求脱离限制得到最大限度上的满足，极大增加了选择的自主性。综上所述，数字图书馆的用户关系管理具备了以下特点。

第一，数字图书馆用户关系管理体现的是一种新型管理理念。数字图书馆将通过用户关系产生的资源链作为自身管理的重中之重，针对用户实际需求加以分析调研，以不断完善的服务增加用户吸引力。就当前发展模式来看，数字图书馆更多地将注意力放在了用户本身，专注于发展用户，增加用户黏性。通过服务的升级完善，确保用户建立对平台长期稳定的需求依赖，从而转变为难以中断的供需关系，借此去更好地发展自身产品与服务。而"内视型"向"外视型"的视角转变，使得数字图书馆用户关系管理的着重点从强调资源建设转向服务用户，不再因为盲目追求后台搭建而忽略用户体验。就当前数字图书馆的管理方式而言，由内向外的模式转变，要求对于用户关系管理更多要以服务为主，深入研究其需求，从而发展自身予以满足。

第二，数字图书馆用户关系管理是一种新的管理机制。数字图书馆对于用户关系管理。现阶段，数字图书馆将注意力投入在对用户的调研上，通过对用户资料的追踪掌握，一方面强化服务保持用户；另一方面完善制度吸引用户，使得服务质量得到极大提升。而用户信息的汇总，使得以用户需求为搭建基础的数字图书馆，不断完善服务形式，从而满足用户需求，增加相互之间的依赖性。数字图书馆的用户关系管理机制，是一种新型的旨在改善用户与组织之间关系的管理机制。

第三，数字图书馆用户关系管理是一种管理战略。用户关系管理的最终目的是发现客户，管理客户。数字图书馆通过用户信息的收集管理，调查分析用户行为，及时优化用户与数字图书馆之间的关系，进行有针对性的发展和管理，更好满足用户需求，使得用户价值和数字图书馆之间达到最大化的互利共赢。而针对用户关系的管理从不简单片面，只有放眼全局，围绕用户不断发展升级，才是行之有效的长期策略。

第四，数字图书馆用户关系管理是一种现代管理技术。借助数据仓库、数据挖掘、知识发现、专家系统和人工智能等的现代信息技术手段，数字图书馆用户关系管理建立起一个全面针对用户信息进行分析整理的系统，通过自动化的方式为用户服务或提供决策支持。实现由人工向智能的管理模式的转变。而这些依托大数据生成的新技术，如数据仓库技术、数据挖掘技术和知识发现技术等，也为数字图书馆的用户关系管理提供了更加便捷的数据获取、积累、传播和发展的模式。

二、数字图书馆用户管理的基本模式

数字图书馆用户管理目前分为两种基本模式。

第一，IP[①] 验证加防火墙隔离的管理方式。这是通过对计算机 IP 地址的合法性通过 IP 层加密技术的验证并采用防火墙来隔开内部网与互联网的一种方式，这是对商用信息资源知识产权的一种保护也是对信息安全的一种保护，该方法具有简单、便捷且系统运行效率高等优势，对商用信息资源的知识产权保护起到了积极的作用，不过由于 IP 范围受限，使得 IP 范围以外的用户或图书馆无法获得信息而造成一定的限制，不利于数字图书馆信息资源利用潜力的开发。

第二，用户认证加访问授权方式。这是系统给予每个合法用户一个唯一用户标识符，通过对用户的合法性进行验证来确认登录的一种方法。可以采用密码、指纹、签名以及口令等方式作为验证方法，最为普及的是口令认证。验证用户身份信息后给予用户对信息资源的访问权限进行设置的方法称为访问授权。对访问授权问题的处理通常是将访问控制表附加在数字化资源上来完成的。其优势在于能够让用户不再受限于 Intranet 网络的物理范围，从而对数字图书馆信息的安全维护、知识产权保护以及和用户服务的提升上都具有积极意义。

综上所述，数字图书馆基本上是依据 Web 服务器来进行用户管理。换言之，用户管理必然要经过 Web 来实现，若是没有这层限制，对数字化资源的访问将不受任何限制。这必然达不到用户管理的最终目标。为了解决这一问题，就需要建立一个中间层来分开用户和 Web 服务器，这个中间层就是用户管理服务器。用户管理服务器主要的功能就是认

---

① IP 指网际互连网协议，是 Internet Protocol 的缩写，是 TCP/IP 体系中的网络层协议。

证用户身份，增删用户信息等，在用户管理服务器的作用下，提升了整个数字图书系统用于管理工作的安全性，也有效缓解了 Web 服务器的压力。

三、数字图书馆用户信息的增加和删除

一般情况下，用户密钥可以在服务器端进行生成。但数字图书馆的用户群体从不关注于此，密钥生成所需涉及的各种技术性问题皆不在他们的考虑范围内。因此，作为管理者，不如密切联系实际，完善服务力度，先在服务器端生成密钥，再通过安全渠道发送给用户。

（一）数字图书馆用户信息的增加

第一，身份的验证。图书馆管理员需要收集用户的真实信息加以验证，诸如各种纸质档案与电子信息，包括但不限于身份信息和其他纸质档案。

第二，密钥的生成。利用服务器，根据相应的安全管理规定，为用户生成符合需求的密钥。

第三，管理员通过上述程序利用收集的用户信息和生成的密钥为用户完成注册，接着通过多种方式将生成的密钥和数字证书传递给用户。

第四，用户可以采取多种途径进行密钥和数字证书的下载。

（二）数字图书馆用户信息的删除

用户也并非一成不变的，一旦注册日期到达时限或者用户身份信息变更，都会引起用户信息的删除。

第一，在经过一定的判断或者接收用户的停用请求后，从服务器发给用户一个证书撤销的原因说明。

第二，将该用户的证书从证书库中删除，移入证书撤销表中。

第三，将用户状态从有效设置为无效。为了减少不必要的重复工作，降低系统损耗，对于用户的删除不用做到彻底清理其残留信息，这样可以在恢复用户状态时极大地缩减工作量。而且在证实用户信息删除彻底与否时，可以借助这些相关信息进行判断。所以为了防止无用数据堆积，服务器需要定时进行清理，删除长期不再使用的证书或信息，减轻系统负担。

第六章　图书馆的发展创新——智慧图书馆

第一节　从数字图书馆到智慧图书馆

近年来，随着信息技术的不断发展，人工智能蓬勃兴起，"智慧地球""智慧城市""智慧社区""智慧校园"等概念不断涌现，为图书馆的发展带来了新的挑战的同时也带来了新的生机，图书馆必须抓住技术变革带来的机遇，在数字图书馆的基础上，加快向智慧图书馆转型，将战略中心从数字图书馆建设转向智慧图书馆建设。

一、图书馆形态发展演进的过程

图书馆自产生以来，伴随着技术和环境的变化，目前已经发生了两次重大转型，即从传统的第一代纸本型、物理型图书馆发展到第二代数字型、移动型图书馆，目前正在向第三代智能型、智慧型图书馆转型。

第一代纸本型、物理型图书馆围绕图书馆的物理馆舍，主要依托图书馆的空间和文献资源发挥作用，以为到馆读者提供到馆文献服务为核心；随着互联网技术的出现及快速发展，第二代数字型、移动型图书馆开始借助网络为用户提供网络信息服务；当前，伴随着物联网技术、智能代理技术的快速应用，大数据和人工智能等具有颠覆性创新型技术的出现，快速推动着图书馆服务的升级和转型，智能型、智慧型图书馆（目前还是雏形）开始出现，图书馆开始为用户提供智能化、具有智慧的知识服务，以帮助用户在存在大量碎片化信息的世界中快速获得自己想要的知识，图书馆从数字图书馆向智慧图书馆的转型势在必行。

虽然图书馆已经发生了两次大的转型，但多年来图书馆的服务始终以需求驱动为导向，不断升级服务内容、服务模式，由最初的仅为读者提供到馆文献服务，转换为走入用户身边，借助网络为用户跨越"时""空"地提供信息服务，并且开始向为用户提供智能化智慧化的知识服务过渡。但需要明确的是，图书馆的发展过程并非替代的过程，原有的图书馆功能依然存在，到馆文献服务仍然有它的意义，只不过随着网络、科技的发展，原有的功能可能会相对弱化，图书馆也正在衍生出更加具有时代意义的新属性和新功能。

二、数字图书馆与智慧图书馆的区别与联系

（一）数字图书馆与智慧图书馆的区别

智慧图书馆是数字图书馆发展的目标和高级形态，两者在功能属性、建设目标、作用机理和建设内容上都存在着一定的区别。

1. 功能属性不同

数字图书馆与物理图书馆相对应，是在物理图书馆文献信息资源的基础上，结合信息技术发展而来的一种服务信息系统，其功能是便于用户更好地检索和利用馆藏信息资源；智慧图书馆则与数字图书馆相对应，是在数字图书馆的基础上发展进化而来，智慧图书馆实现了多种信息技术在图书馆中的智能应用，并且结合馆员智慧，面向用户提供智慧服务。数字图书馆的发展以提供网络服务为导向，其基本功能在于文献信息资源保障，信息技术的发展革新、应用场景的不断变化和技术应用的实际成效都直接影响着数字图书馆的功能定位和所提供的服务产品；智慧图书馆则以智慧服务为导向，其基本功能是知识的利用，其驱动力源于新时代下图书馆转型创新变革的内在发展需要，是图书馆重塑核心能力、强化知识服务的必然要求。

2. 建设目标不同

数字图书馆的建设目标是通过实现面向内部业务流程的数字化，满足图书馆运行与发展需要，并且提高图书馆运营效率。数字图书馆旨在结合技术手段解决图书馆发展所面临的基础性矛盾，即用户文献需求与图书馆资源保障不足之间的矛盾。而智能图书馆以面向用户提供智能分析能力为目标，旨在满足用户高层次、不断深入的服务需要，解决的是用户对图书馆新型服务的需求与图书馆服务能力不足之间的矛盾。智慧图书馆建设所借助的技术手段，更强调通过智能技术为用户提供智能、智慧的解决方案，以帮助用户在大量馆藏中发现知识。在此场景下，图书馆不仅是信息查询与检索的场所，更是一种提供知识利用与知识服务的服务机制。

3. 作用机理不同

数字图书馆的基本要求在于"正确地做事"（Do Things Right），遵循系统指令和系统设定，刻板而机械地对每一条来自用户的请求和指令作出回应；而智慧图书馆更注重"做正确的事"（Do Right Things），通过系统智能辅助人工智慧，使得图书馆的运行能够即时

纠偏，从而提供更加个性化的服务。"Do Things Right"和"Do Right Things"代表了两种截然不同的思维与行为，前者着眼当前，强调"方法"的正确，后者着眼长远，强调"方向"的正确，正是由于这两种理念导向的不同，带来数字图书馆和智慧图书馆作用机理的差异，因此，"做正确的事（Do Right Things）比正确地做事（Do Things Right）更重要"①。

4. 建设内容不同

数字图书馆的建设主要关注图书馆的门户网站，以满足用户对文献的需求为主，因此建设重点多关注网络信息采集、数字资源组织与揭示、跨库检索功能的实现、信息门户网站的建设、数字参考咨询服务的提供，以及 My Library、Personal Library、复合图书馆的建设等内容，具有着眼馆内、文献高度相关、中介性、事务性和技能性的建设特点；智慧图书馆建设则重点关注如何提供智慧服务，以满足用户对知识的需求为主，直接面向用户需求和用户过程，基于图书馆物理空间与智能空间、智能业务等"物"的"智能"，为图书馆业务开展提供大数据分析与决策支持，实现智能业务处理分析和智能用户服务，进而与专家型馆员、智慧型馆员等"人"的"智慧"有机结合，提供知识性、创造性和增值性的智慧服务，致力使图书馆成为用户研究学习的深度合作伙伴。

总之，数字图书馆的技术核心是对馆藏文献信息资源的数字化，而智慧图书馆的技术核心是实现用户所需知识的数据化；数字图书馆的目标核心是通过技术解决图书馆融入信息化时代的发展需要，智慧图书馆的目标核心是将馆员智慧与技术手段相结合，为用户提供智慧化的解决方案；数字图书馆的需求核心在于解决图书馆内部发展需要，智慧图书馆的需求核心在于满足用户知识需要；数字图书馆的服务核心以满足用户对资源的检索利用需求为主，而智慧图书馆的服务核心则以挖掘和满足用户高层次深度知识需求为主。

（二）数字图书馆与智慧图书馆的联系

1. 数字图书馆是智慧图书馆的基础

没有数字图书馆，就没有智能图书馆，更没有智慧图书馆。智慧图书馆的核心是"人的智慧+物的智能"，其"智慧"体现在通过人的主观能动性和创造性解决问题的能力；智能图书馆是"智能技术与数字图书馆的有机结合"与"图书馆的物理环境"的有机统一，其"智能"体现在通过系统或平台代替人的劳动；数字图书馆则是基于物理图书馆的资源与互联网技术构建的一种分布式信息服务系统，具有数字化和网络化的特征，为各种

---

① 彼得·德鲁克. 卓有成效的管理者 [M]. 许是祥，译. 北京：机械工业出版社，2005：2.

智能技术提供了最基本的应用场景。

数字图书馆是智慧图书馆的基础，智慧图书馆是数字图书馆的发展目标。数字图书馆作为图书馆建设、组织和提供文献信息资源的主要平台，其本质仍然是对传统图书馆模式的延伸，数字图书馆的服务依赖于传统的文献信息产品，而非信息内容[①]。数字图书馆以技术为主导，侧重于数字化产品的生产提供；智慧图书馆则是以智慧服务为主导，实现馆员智慧和用户智慧的交流互动，满足用户的知识需求，是图书馆发展的高级形态。

2. 智慧图书馆是数字图书馆的发展目标

数字图书馆需要走向智能，更需要走向智慧。数字图书馆作为一种信息服务系统，是帮助一定的用户群体根据一定的应用目的利用一定的信息内容的过程。数字图书馆的服务模式要从提供文献资源的检索获取利用向提供深层次多样化的知识服务转变，这就离不开各类智能技术的辅助。可见，数字图书馆是对图书馆信息资源的数字化、虚拟化和信息化，是对图书馆的局部性变革；在数字图书馆的基础上，智慧图书馆结合人工智能、机器学习、物联网等新技术实现了图书馆从数字化到智能化再到智慧化的发展，是对图书馆的全局性升级。数字图书馆的建设需要跳出原有的舒适圈，摒弃以资源为中心的"地心说"，向以用户为中心的"日心说"发展，转变以文献检索传递为中心的"检索观"，向以支持用户对信息的各种利用需求为中心的"利用观"进步，积极且善于发现新技术来发展新的服务、创造新的价值，实现向智能图书馆直至智慧图书馆的发展。

三、智慧图书馆的建设发展要求

（一）正视智能技术带来的机遇与挑战，保障持续变化的技术支撑

图书馆应正视智能技术带来的机遇。现阶段伴随着人工智能、机器学习、增强现实、虚拟现实、语音识别、数据分析、文本挖掘、数据可视化、物联网等技术的兴起，各行各业结合新技术积极开拓创新，图书馆也不例外。例如，南京大学推出国内首个图书馆智能机器人——"图宝"，集聊天机器人、咨询机器人及盘点机器人于一体，在采用"安全磁条+条形码"管理图书技术的基础上，集成了互联网、物联网、人工智能等技术，通过"图宝"对图书信息的扫描与记录，实时更新的图书位置信息可帮助读者快速找到图书的准确位置，定位精度可达97%。[②] "图宝"上线后便迅速得到了业界同行的关注，香港中

---

① 张晓林. 颠覆数字图书馆的大趋势 [J]. 中国图书馆学报，2011，37（5）：4~12.
② 中国机器人网. 南大打造机器人图书管理员"图宝"，系国内高校首创 [EB/OL]. [2021-11-26]. https://www.robot-china. com/news/201705/19/41571. html.

文大学深圳校区图书馆第一时间便与其签署了合作意向书。"图宝"的技术不仅可以用在图书扫描，还可以用在货架扫描，这也从技术上拓宽了图书馆的边界。同时，在智能技术的助推下，图书馆也开始使用智能门禁系统、智能监控系统、自助办证系统，打造了具备图书馆特色的自助借还系统、智能书架、智能排架系统、智能问答系统、智能推荐系统、智能管理系统以及知识发现系统等，还推出了 24 小时自助图书馆，目前全国已有多家 24 小时自助图书馆开始投入使用。

图书馆应正视智能技术带来的挑战。在新技术产生为图书馆带来新生机的同时，也必然会为其带来一些挑战。如果图书馆未及时补充新技术所带来的"能量"，图书馆馆员未及时掌握新技术，将无法在短时间内为用户提供与其他已经变革的图书馆同样高效、优质的服务，可能会降低甚至失去用户对图书馆的需求。但不代表采用了新的技术，就可以保证被用户需要，智能技术是图书馆向智慧图书馆转型的必要但非充分条件。图书馆服务应始终围绕用户需求，在智能技术的助力下，以开展学科服务、情报服务、智库服务等知识类服务为主导，借助智能技术帮助用户在海量的信息中快速获取自己需要的信息，为图书馆的发展建设提供持续变化的技术支撑保障，不断增强用户黏性。

（二）把握智慧图书馆的建设目标，稳步推进智慧图书馆建设发展

1. 从重点建设数字图书馆，转变为重点建设智慧图书馆

数字图书馆实现了图书馆业务和管理的数字化，为智能技术提供了应用场景，也为图书馆实现智慧化提供了基础条件。如果说现在的数字图书馆模式仍然是传统图书馆模式的简单延伸，那么智慧图书馆模式就更不应该是数字图书馆模式的简单延伸。智慧图书馆是图书馆功能和价值的强化，加上馆员智慧能力的充分挖掘。智慧图书馆是未来图书馆的更高级形态与主导模式，是数字图书馆、第三代图书馆和新型图书馆建设的核心内涵。在数字化发展浪潮的驱动下我国数字图书馆的建设使命已基本完成，"十四五"和未来的图书馆建设，要以智慧图书馆为建设重点，加快从建设数字图书馆向建设智慧图书馆升级转型。

2. 从重点建设智能图书馆，转变为重点提升智慧服务

智能图书馆是对数字图书馆的升级，更强调机器智能，但机器智能的本质是机器辅助智能，而不可能完全替代人类。由于智能技术更多地依赖计算机的智能而非人的智慧，因而无可避免带来智能图书馆的发展局限。例如，程序化的步骤难以让终端用户定制自己的需求，难以满足用户的个性化需要；高昂的系统开发和维护费用，可能会加重图书馆财务

压力；智能系统开发的内在复杂性，对馆员能力提出更高的专业要求；自然语言能力仍然有限，需要人为干预和修正；以及受到技术所限，智能系统无法处理超越其限度的问题。智能图书馆作为数字图书馆向智慧图书馆的过渡，是图书馆智能化的体现，但距离图书馆的智慧化仍有较大差距。智能图书馆的本质是机器取代人，而智慧图书馆的本质是人利用机器智能，智慧图书馆不仅需要智能技术，更需要结合馆员智慧将"智能"转化为"智慧"，提供深层次、多样化的智慧服务。

3. 从技术驱动，到需求与服务驱动

无论是从物理图书馆到数字图书馆，还是再到智能图书馆，主要都是以技术发展为驱动力，要实现向智慧图书馆的飞跃，则需要以用户需求与知识服务为驱动。用户的需求本质上是一种对知识的需求，知识服务、智慧服务能够直接面向用户需求，将馆员的智慧和知识性劳动融入其中，为用户提供嵌入式知识性成果和解决方案，驱动图书馆的服务升级。在新时代图书馆"服务为王、需求为本、资源为基、技术为翼"的发展理念下，用户需求的多少决定着图书馆存在价值的大小，图书馆服务能力的高低关系着图书馆转型的成败。用户需求是驱动图书馆服务升级的根本动力，图书馆需要灵活运用技术手段、充分利用馆员智慧，不断提高自身知识服务和智慧服务的水平，加速推进智慧图书馆建设进程。

4. 从过程与工程主导，到能力与效果主导

智慧图书馆的建设若以过程与工程主导，则会较多关注外在指标，如资源增减、经费使用、人才引进、技术应用、馆舍改造等图书馆具体要素，容易忽视在建设过程中图书馆服务能力和服务效果的内在提升。然而，图书馆的服务能力才是图书馆实力的综合体现，而非图书馆在某一方面或某几方面要素上的简单投入。图书馆不仅能够提供教学、科研和管理等传统服务，也能够提供知识服务、智慧服务来满足用户的多样化需求。智慧图书馆的建设发展应以图书馆自身能力与实际效果为检验标准，重点关注图书馆内在服务能力的提升和开展智慧服务所带来的社会效益，证明图书馆开展智慧服务的重要性和必要性，从而引起上级部门的重视和支持，形成智慧图书馆发展与服务效果检验的良性循环。

（三）提升服务能力，强化图书馆的知识服务与智慧服务

智慧服务是智慧图书馆建设的核心。在"服务为王"的新时代图书馆发展建设理念下，服务是图书馆工作的重中之重。智慧图书馆作为具有学科专长和知识服务能力、集成了智能技术工具的新型图书馆，是智能技术驱动的具有智慧的图书馆。有专家认为，智慧

服务是智慧图书馆的终极目标[①]，没有智慧服务，则不是真正意义、完整意义上的智慧图书馆。智慧图书馆建设需要将智慧服务作为其核心问题，以智慧服务主导智慧图书馆建设与发展，构建富有生机活力的智慧图书馆。

人的智慧是智慧图书馆的服务核心。在智慧图书馆建设中，不能仅仅依赖智能空间、智能设备，人的智慧（知识、经验、专长、感悟、能力等）必须发挥主导和关键作用。需要呼唤智慧型馆员的出现，并将智能技术与馆员的智慧有机结合，从而为用户提供真正的"智慧"服务。

技术在变革、环境在变化，图书馆的服务也需要在时代浪潮中不断开拓创新，持续地提升自身服务能力。图书馆应意识到，若不关注、不参与智慧图书馆的建设，就将被时代抛弃。图书馆能力的大小不在于其规模，而在于其智慧。新时代，图书馆需要在智能技术的驱动下，不断提升服务能力，从事务型转变为智慧型，从人力密集型转变为知识密集型，不断强化图书馆的知识服务与智慧服务水平。智慧图书馆的最终目标是实现"智慧图书馆六化愿景"[②]，即服务场所泛在化、服务空间虚拟化、服务手段智能化、服务方式集成化、服务内容知识化、服务体验满意化。

四、高校智慧图书馆的建设思考

如前文分析，图书馆的发展由数字图书馆向智慧图书馆跨越发展，智慧图书馆是图书馆发展历程中的又一次重大转型。每一次转型都是对图书馆既有服务业态的颠覆和超越，转型带来升级，挑战也与机遇并存。高校图书馆作为高校内服务教学与科研的学术机构，服务于知识需求最为活跃、专业的用户群体，要求其必须具备较高的知识管理、知识服务水平。如何以智慧服务建设为抓手，满足用户不断提升的服务需求成了高校图书馆当下亟待解决的问题。快速发展的人工智能与物联网、互联网等技术一同为高校智慧图书馆建设注入了新的动力，通过依托先进技术，系统性运用算力，挖掘深层信息，创新服务方式，推动高校图书馆实现以用户需求为导向，以主动服务为思路，重构图书馆从资源建设到内容服务的整个服务生态。

（一）高校智慧图书馆的特点

当前高校图书馆数字化服务水平普遍已经相对成熟，高速互联网、专业馆藏资源管理系

---

①　程焕文，钟远薪. 智慧图书馆的三维解析 [J]. 图书馆论坛，2021，41（6）：43~55.

②　初景利，段美珍. 智慧图书馆与智慧服务 [J]. 图书馆建设，2018，286（4）：85~90，95.

统、新媒体文宣平台、人机互动平台等数字软硬件设施已成为大多数高校图书馆的标配，这为高校智慧图书馆的建设打下了良好的基础。高校智慧图书馆应该具备以下三个特点。

1. 智慧化感知能力

个性化、定制化的主动服务是用户对于高校智慧图书馆服务的最大期待，也是智慧图书馆发展的必然方向。用户在缺少外部指导的情况下，面对高校图书馆动辄数以百万计的庞大资源量是茫然的。日常借阅过程中，读者只能依靠既有信息，导致借阅往往呈现出名家名作格外抢手、冷门佳作少有问津的场面。很多读者对于自己的需求也仅有模糊的方向认知，商场购物式的即兴选择也是书籍借阅常用的方法。基于数字化技术的图书馆缺少必要的手段和分析能力，难以感知读者需求偏好，造成了图书馆（知识供给方）与读者（知识需求方）之间存在信息壁垒，导致资源利用效率的低下。尽管高校图书馆努力通过各项阅读推广活动试图改善这一局面，但是收效可想而知的有限。

借助于大数据技术，通过数据系统、馆舍内各类传感器，在保障用户个人隐私信息安全的前提下，对于用户生成信息（User Generated Content，UGC）进行抓取，包括用户的检索史、咨询方向、喜好作者、入馆次数、借阅频次等信息，结合读者的专业方向、年级阶段、研究方向等数据系统内信息，通过偏好算法，对读者需求进行深度挖掘，分析读者现阶段阅读、学习的动机和偏好。在物联网体系内的智慧图书馆，馆舍、馆员、用户群体、文献资源互相之间深入互联，结合馆内专业的文献评价系统，基于用户偏好的文献推送将变得更加积极主动、模式更加多样，读者对推送结果的每一次正/负反馈，也将增进高校图书馆对于用户需求偏好的进一步了解并及时修正推送方案。智慧化建设，将极大改善高校图书馆对于用户群体需求的感知能力。

2. 智慧化生态体系

高度智能化是智慧图书馆突出的特点之一，国内已有众多学者认识到，智慧化不是简单的技术堆叠。初景利认为，智慧图书馆的智慧化是由智能技术、智慧馆员和图书馆业务与管理系统这3个主体要素相互融合发展而成。3个主体要素相互作用，共同构成了图书馆智慧生态体系。

智慧图书馆智慧的根源来自数据与算力，在3个主体要素中，技术要素构建起底层架构，用以开展数据采集和算力调用，保障信息传递、数据安全、用户交互等辅助功能的正常运转，为智慧服务的开展提供前提条件和实现途径，这其中就需要涉猎物联网、大数据、云计算、5G通信、Web3.0、区块链、UI设计等一系列复杂技术。需要利用如此多技术进行协同共建，由此可见，智慧图书馆建设是一项系统性工程。

依托于技术面底层架构，智慧图书馆需要在此基础上，以服务目标为导向，以服务内容和服务形式为框架，改良或重建智慧图书馆业务与管理系统，目的在于合理优化资源配置和服务模式，为智慧图书馆运维管理提供基础工具。

智慧馆员是整个智慧图书馆生态体系中的核心，主导开展智慧管理和智慧服务。智慧馆员的关键在于馆员的智慧，既需要对信息技术熟练掌握，也要有能力进行顶层设计，从而搭建智慧服务体系，完善图书馆的各项职能。

3. 智慧化服务方式

知识服务始终是图书馆首要职能，新技术特别是人工智能技术的引入，推动智慧图书馆在服务的方式上不断突破创新。一是提供打破时间、空间限制的泛在服务，智慧图书馆将具备信息服务中心的属性，依靠物联网、5G 通信等技术，无论用户身在何处，智慧图书馆都可以提供各项服务内容，即使在馆员下班时间，可靠的人工智能也能在线为用户进行实时问答、资源传递等服务。二是信息呈现方式的创新，除了传统的纸质图书、声、像、影音等形式，利用当下兴起的虚拟现实（VR）技术，智慧图书馆可以通过构建虚拟空间为用户带来全新的内容呈现方式，包括虚拟阅读、虚拟交流社区等。三是提供人工智能协助服务，可以针对用户的需求，在科研、写作等知识再创造过程中起到必要的协助作用，减轻用户的工作量。四是能够对用户在知识查询、获取、内化过程中遇到的问题提供智慧化解决方案，相较于传统的指南式服务，这种直击问题的方案式服务能更好地提高用户满意度。五是自主服务的智能化设备的加入，例如，清华大学的机器人"小图"和南京大学的机器人"图宝"，此类自主服务的专业智能设备，能够 24 小时为读者提供便捷高效的咨询、检索、引导等服务。

（二）我国高校智慧图书馆的发展现状

我国对于智慧图书馆的发展十分重视，2021 年 3 月颁布的《中华人民共和国国民经济和社会发展第十四个五年规划和 2035 年远景目标纲要》（简称"十四五"规划）中，将发展智慧图书馆作为数字社会建设、提供便捷公共服务的重要方向之一。同年 6 月文化和旅游部印发的《"十四五"公共文化服务体系建设规划》进一步推动智慧图书馆进入实质性推进阶段。作为社会肌体的有机组成部分，智慧图书馆的建设发展，既是当下构建智慧城市、智慧社区不可缺少的重要组成部分，也是图书馆变革服务方式的重要发展方向。国家将智慧图书馆建设纳入了整体战略布局和国家战略体系，推动着图书馆加快向智慧化方向转型，这是促进智慧图书馆建设最重要的外因。而相应的，满足用户群体日益增长的高质量知识需求，是智慧图书馆建设的深层内因。基于此，我国高校智慧图书馆建设获得了长足的动力。

受益于现代信息技术和产品的蓬勃发展，高校图书馆的信息基础设施建设不断加速，为智慧图书馆建设打下良好的基础。但在实际建设过程中，我国高校智慧图书馆暴露出以下几个方面问题。一是各高校开展智慧化建设的力度差异很大，究其原因，各个高校图书馆教师队伍能量、资金保障不尽相同，造成了头部"双一流"本科院校图书馆在智慧化的道路上率先探索并积累了不少的建设成果，但更多的高校图书馆建设推进有限。二是高校智慧图书馆建设多集中在或者停留在智能设施的建设上，对于上层的智慧管理系统设计少有涉及，这背后的原因有很多，但根本原因是当前图书馆界对于智慧图书馆的建设充满困惑，智慧图书馆的标准是什么，什么样的图书馆才能够被界定为智慧图书馆，怎样才算实现了智慧服务，智慧图书馆建设的目标是什么，建设过程中的建设标准是什么，各个服务业务同时进行的时候如何协调资源的调用和对接等现实问题，缺少统一的定论，因此，很多高校图书馆只能选择从最稳妥的智慧基础设施建设入手进行探索。三是当前的高校内馆员队伍普遍难以胜任智慧图书馆智慧化管理需求，馆员的职能在智慧化建设的过程中必将发生拓展和升级，新增的业务对于馆员素质也提出了更高的要求。

（三）我国高校智慧图书馆建设策略

1. 增强行业之间、校企之间的合作联合

智慧图书馆发展是一个复杂的系统性工程，涉及技术层面、系统顶层设计、业务流程安排、业务管理系统等要素，绝对不是单靠某个图书馆就能独立完成。这意味着行业间各个类型的图书馆，特别是高校图书馆之间必须增强合作。通过合作协议的形式，约定规范、达成标准，形成有力的合作组织，实现技术、资源上的共享和发展理念上的大致统一，促使成员馆共同构建功能完善的技术平台和管理系统。目前国内比较有代表性的是智慧图书馆技术应用联盟（Chinese Alliance for Library Service Platform），截至 2022 年 5 月，该联盟共有上海图书馆（上海科学技术情报研究所）、上海交通大学图书馆、重庆师范大学图书馆、四川省图书馆等 21 家成员单位。

除了行业间联合共进，高校智慧图书馆的发展也十分需要信息技术服务企业的协助，对于很多专业性技术问题的解决，合作外包仍不失一个效费比极高的方案。目前校企合作的代表性案例有南京大学图书馆与超星公司合作，推出的新一代图书馆服务平台NLSP3.0，采用面向服务的体系框架，重构并统一了图书馆资源管理的工作流程，搭建起服务于教学与科研的智慧化平台；重庆大学图书馆与维普公司联合推出的智慧图书馆建设项目——图书馆智慧运营管理的数据服务开放平台，平台通过对图书馆的文献、读者、运维过程等进

行数据化分析，以数据驱动业务管理。

2. 馆员队伍建设

馆员队伍是智慧服务的核心要素。第一，智慧图书馆人工智能介入，不仅是各种算力、算法技术的运用，更需要馆员收集大量的师生样本为人工智能的机器学习准备充足的训练样本。第二，智慧图书馆各项业务的开展，需要馆员从中监督和修正，监测物联网、互联网等运行情况。第三，馆员需要根据本校学科特色、学科特长有计划地定制特色学科培养、辅助方案，在人工智能的协助下配置合理的学科资源采购。第四，馆员是智慧图书馆进行创新性服务的内在动力。第五，馆员的素质直接影响着智慧图书馆各项服务的内容设计与执行结果。馆员素质决定着高校智慧图书馆实际运营成效，但在数字化图书馆阶段，大量读者自助服务的出现使得读者对于馆员的需求大为降低，冲击了馆员队伍的发展，造成各高校馆员队伍力量的普遍不足。这使得智慧化发展阶段的馆员队伍建设十分重要和紧迫，不断培养和引进具有充分知识储备的馆员，才能满足新环境下高校智慧图书馆各项业务顺利开展的基本需求，保障智慧图书馆建设和发展的稳定推进。

3. 服务框架与技术架构的有机融合

技术层面的运用，必须遵从于智慧图书馆的服务目标，一味强调对技术的追捧，强调技术的重要性只是空中楼阁，造成大量资金和资源投入后，效果往往并不理想。智慧图书馆的根本目标是提升用户体验和服务满意度，目标的实现同样依赖于服务框架的设计，即为用户提供具体的服务内容和定制的服务方案。智慧图书馆服务框架的设定必须结合图书馆自身的实际情况，如资金量、信息化水平、用户对于技术的接受能力、馆员素质等。如果说服务框架是理论指导，技术架构就是实现手段，通过功能设计来对接用户需求，也只有两者的有机融合，才能让技术更好地服务于高校智慧图书馆的各项业务。

4. 图书馆业务体系的重构

由于引入了人工智能、物联网这些新技术，智慧图书馆在信息的收集和处理能力上得到了大大加强，读者、图书馆、馆藏资源、馆内空间也在真正意义上形成了一个整体。高校智慧图书馆对于外部环境变化（如读者需求、学校政策、建设支持情况等）和内部运转情况有了更深入的认知，这也势必影响着图书馆相关业务的安排，智慧图书馆在提升资源采访、业务咨询、阅读推广等既有业务的同时，也必然需要拓展新的服务职能和业务内容，将关键技术融入业务流程的各个环节，实现业务内容的增质提效，业务流程的改善优化，通过重构整个业务体系，逐步达到服务效果的最优解。

第二节　智慧图书馆建设的逻辑理路

一、智慧图书馆建设的构成要素

陶述先 1929 年在《武昌文华图书馆学校季刊》第一卷第三期中提出："图书馆，其要素有三：书籍、馆员与读者。"从传统图书馆发展到智慧图书馆，三要素可以替换为资源、管理与服务。

（一）资源

传统图书馆的资源主要依赖收藏的印刷型文献资料，衡量其馆藏资源建设的标准就是实体书籍的收集数量，而智慧图书馆建设的基础资源，既包含实体资源，如智能建筑、设备设施等，又涵盖虚拟信息资源，如计算机处理加工的各种数据等。智慧图书馆建设是获取大量智慧资源的过程，基于打造信息资源广泛共享体系，突破传统了图书馆封闭式信息采集模式，通过人工智能等技术的应用，奠定智慧服务的文献资源基础，以用户需求为核心定制资源建设方案。传统图书馆是独立存在的，相对来说资源有限，在网络化信息时代传统图书馆的可持续发展受到极大限制。而智慧图书馆充分利用高新信息技术整合海量、杂乱、复杂的信息，善于借用大数据、云计算和人工智能优势，深入挖掘宏大信息量下潜藏的信息价值，构建全方位、多方协同的资源共享渠道，更有利于信息价值的发挥，更有助于为用户提供更便捷、优质、精准的服务。

另外，智慧图书馆的阅读方式更加多样化。传统图书馆的阅读方式过于单一，只是文字阅读。而智慧图书馆可以让读者在阅读时不仅局限于文字阅读，还可以选择有形图书和有声图书等新颖的阅读模式。智慧图书馆还可以让读者观看多媒体视频，使知识能够以更加生动的形象展现出来。同时，智慧图书馆通过多方协同实现智能化资源共享，以用户为驱动、以信息技术为依托，构建图书馆信息联盟，解决了传统图书馆资源储备单一的弊端，不仅能够优化各个图书馆的资源配置，而且能够最大化地提升智慧图书馆的资源利用成效。

（二）管理

传统图书馆主要以人工管理方式展开管理工作，在管理中效率有限，依靠人力来接待读者，手动完成图书编目和借还登记，耗时耗力，其管理工作较为被动。另外，传统图书馆环境较为封闭，主要由书架、书桌、目录柜等构成，基础设施单一。而智慧图书馆建设是基于人工智能的支撑推动图书馆更高层次的发展，实现管理对象的体系化、管理机制的智能化和管理保障的智慧化。通过智慧管理不仅有助于发挥资源优势、优化设施环境、提升用户感受，而且能够实现日常运营的智能维护、实时监管的智慧保障和资源整合的智慧配置。从图书馆管理者的角度讲，人工智能的应用更有助于其切实彰显引领、协调、监督与激励能力，在图书馆各项事务的动作、各种资源的配置和各种事宜的决策上更为科学合理。从专业馆员与用户等图书馆管理对象的视角看，智慧图书馆是通过人工智力助力专业馆员提升数据挖掘、情报分析等能力，以更优质地为用户提供精神服务。而作为知识的接受、传播与创造者的用户，同样能够成为智慧图书馆建设中信息生产、传递与创新管理的推进者。

（三）服务

传统图书馆提供的服务较为单一，采取的方式都比较被动，工作人员的大部分精力集中在对馆藏书籍的维护方面，对于读者个性化的需求往往不能给予完全满足，传统图书馆员也仅是纯粹的书刊保管员。而智慧图书馆建设的目标是向广大用户提供智慧化服务、增强用户的服务感受。信息技术的引入，在改变图书馆信息环境的基础上，更新了传统图书馆服务模式，推动图书馆迈向更为先进的智慧化进程。基于优质服务的层次看，智慧图书馆可以为用户提供更为温馨、舒适的智能化服务空间，在实现自助借阅、信息检索、智能咨询之外，增强用户感受。此外，在信息技术的融合下，智慧图书馆能够提供学科服务，通过挖掘分析，满足用户的深层次服务需求，如通过掌握用户学科背景和行为习惯，为其有针对性地定制学科服务等。所以，智慧图书馆比传统图书馆更加具有人性化，服务质量更高，服务类型更加多样。

二、智慧图书馆建设的原则

（一）标准化和规范化原则

智慧环境下，图书馆信息的采集和加工、传播和利用，都是以网络为依托的。"无处不在"的互联网，对于图书馆建设的便利性是不言而喻的，但若要形成全国范围内的图书馆事业体系，甚至全球范围内的共建共享，统一的标准和建设规范是必不可少的。由此可知，标准化和规范化会直接影响智慧化建设的成败。例如，国际上通用的数据格式标准规范，统一的网络通信协议、符合行业标准规范的设备等，统一的标准、规范、协议，以及可兼容的软硬件，在数字资源系统建设、技术平台构建、信息服务系统开发等过程中，都是至关重要的，在图书馆系统互联互访到其他系统的智慧化建设中，发挥着不可替代的作用。换句话说，智慧图书馆的未来建设及其功能服务更好地实现，必须建立在统一的标准、规范基础之上。

（二）开放性和集成性原则

未来智慧图书馆的发展，将为读者提供智慧化程度较高的个性服务，同时，读者能够互动式或自主式地参与图书馆的服务与管理。在移动互联网的基础上，信息的创建和处理、传输和搜索，都会达到难以想象的高效和便捷：图书馆员不再是唯一的信息制造者和发布者，读者也将成为信息数据的创造者，使得信息的扩散更加迅速，信息在"图书馆—读者"之间的流动更加快速而直接。智慧图书馆为用户提供的微信互动、微博分享，网上联合知识导航站，以及电话预约、就近取书等服务，降低了图书馆的进入"高度"，使馆员与读者、读者与读者、馆员与馆员之间能够自由互动、协同参与，在图书馆的管理和服务中，读者可直接或间接地发挥作用。智慧图书馆是在云计算技术、物联网技术的基础上，在各个文献信息机构之间、不同类型文献之间实现跨系统应用集成、跨部门信息共享、跨媒体深度融合、文献感知服务和集群管理。上海图书馆的"同城一卡通"，使读者能够跨时空、实时获取可用一卡通借阅的文献的存储和流通状态，在 237 个总分馆中，跨空间地实现各个单一集群系统的互通互联。通过知识信息的共建整合、无障碍转换、跨时空传递等，实现集约显示、便捷获取，依靠集群化综合服务平台，使知识资源的视角不再局限于点，而是扩展到条、面、区域，从而达到条线的交流、块面的联系、区域间的互动，实现智慧化运作。图书馆要实现服务创新，就必须依靠新技术的智慧化应用。

（三）共建性和共享性原则

一个图书馆的力量是有限的，短时间内很难完成智慧资源建设。几个图书馆之间的信息共享，通过共享人力、物力，可短时间内丰富馆藏资源，最大化地满足用户需求。由此可知，作为个体的图书馆，若想要尽快实现泛在化、智慧化建设，必然需要与其他图书馆合作，通过共建共享，在贡献自己力量的同时，也获得更多其他图书馆的馆藏资源。为实现信息资源共建共享，图书馆个体可以相互建立联盟，如国际上的联机计算机图书馆中心（Online Computer Library Center，OCLC），以及国内的中国高等教育文献保障系统（China Academic Library&lnformation System，CALIS）等，一方面，一定区域内的图书馆形成统一

体,以联盟的形式采购图书、建立数据库等,从书商、服务商处获得较低的采购价格,不仅节省资源,也可提高资源利用率;另一方面,各个图书馆之间可以共享技术、平台资源等,在数字化建设过程中,避免资源重复开发,可以节约成本,还能有更多的资源用于读者服务,促进图书馆的智慧化建设。

(四)智慧性和泛在性原则

图书馆的智慧化、泛在化主要体现在以下几个方面:

1. 服务时间和服务空间

无线网络技术的发展、更加智能的自动化服务系统的出现,使在网络所覆盖的地区,都能体验到图书馆服务,而且是连续 7×24h 的服务。图书馆用户通过终端设备,可以不受时间、地点限制地享受数字资源、服务。

2. 服务对象和服务模式

移动通信技术的发展,促使图书馆的服务模式势必要发生改变,为所有连入网络的用户主动推送资源、服务,不再仅限于到馆用户,每个人都能公平地获取所需资源和服务,从而真正地扩大图书馆服务对象的范围。

3. 服务内容及服务手段

泛在环境下,图书馆之间资源的共建共享,使得图书馆用户可获得的资源服务,不再仅限于本馆的馆藏,而是整合不同平台的资源,如共享资源中心、互联网和开放知识库等,同时,对信息加以归纳整理、去伪存真,然后供用户使用,如通过网站、WAP 平台拓展数字化资源的利用率。由此可知,随着时代背景和技术环境的变化,图书馆的建设发展务必遵循智慧化、泛在化的原则,才能真正体现图书馆的社会价值。

三、智慧图书馆应用系统建设

应用系统是图书馆的窗口,是直接面向一线服务的平台,是满足智慧图书馆参与主体的应用需求和支撑智慧图书馆各项业务开展的重要保障。智慧图书馆的应用系统应当传承数字图书馆、虚拟图书馆等原有的系统,又应当在技术创新和服务创新的基础上发展新系统、新模式。

(一)智慧感知系统

智慧感知系统是智慧图书馆的基础应用系统,通过各种感知手段获得各种感知数据,并应用于实际业务的运作。它又包括图书馆运行状态感知系统和智慧环境感知系统。

1. 图书馆运行状态感知系统

利用电子显示屏、感应器、电子摄像头和互联网、移动通信网络等软硬件设备，来实时监控图书馆运行情况，并及时传递和接收信息，主要包括图书馆人流量信息、读者到馆信息、图书期刊借还信息等，系统能够根据一定时间内用户使用图书馆资源和服务的信息，即时计算并做出反应，方便图书馆进行资源建设和读者服务工作的调整。

2. 智慧环境感知系统

主要是利用物联网技术对图书馆各个功能空间以及图书馆分馆馆舍空间进行实时的环境监控和感知。包括对光照、温度、湿度、烟雾、声音等进行监测，即时返回数据，以供图书馆管理中控系统及时对环境变化作出应对。

光度感知要及时掌握馆内各个空间日光照射情况，并根据需要调整光线进入的多少。温度感知要动态掌握各阅览室、各馆藏室的温度状况，根据需要调整温度值。湿度感知主要对一些特殊的馆藏物进行湿度监控，以便对湿度进行必要的控制。烟雾感知要对敏感区域以及重要馆藏场所进行实时感知，以便及时发现火灾隐患，将火灾事故消灭在萌芽状态。声音感知是为了及时获得环境噪声参数，对异常情况进行必要干预。

通过智慧图书馆的智慧环境感知系统，可以实现对图书馆的电、水等资源进行智能控制，能够根据光照、室内外温度、人员密集程度等情况自动进行调节和控制，达到节能降耗的目标。同时，通过图书馆运行状态感知系统，可以有效控制威胁图书馆安全的事件发生，达到了智能安防的效果。

(二) 智慧资源系统

智慧资源系统是智慧图书馆存在的根本，是智慧图书馆的最重要的内容。它又包括四个子系统。

1. 知识发现系统

知识发现（Knowledge Discovery in Database，KDD）是从各种媒体表示的信息中，根据不同的需求获得知识的过程，目的是向使用者屏蔽原始数据的烦琐细节，从原始数据中提炼出有意义的、简洁的知识，直接向使用者报告。知识发现系统主要是利用数据仓储、资源整合、知识挖掘、数据分析、文献计量学模型等相关技术，用以解决复杂异构数据库群的集成整合，实现高效、精准、统一的学术资源搜索，进而通过分面检索聚类分析、引文分析、知识关联分析等实现高价值学术文献发现、纵横结合的深度知识挖掘、可视化的全方位知识关联。

2. 数字资源定位系统

利用数字资源借阅终端，用户可以方便地查询各类数字资源的分布状况，并可按需要使用各类数字资源。

3. 统一检索系统

统一检索系统的建设目的是要打造新的检索平台——为读者提供强大、便捷和个性化的服务平台，构筑具有高用户黏性的个性化图书馆。这一系统应具有以下五方面的功能特点：与互联网账户的无缝对接，支持微博、QQ、微信等账号登录；与书评网、网上书店的互联互通；个性化的借阅排行和新书推荐；提供读者推荐的绿色通道；简单实用的期刊目次推送。

4. 特色资源管理系统

结合图书馆所拥有的各类特色资源进行分类管理，并进行数字化加工处理，形成管理规范、分类科学、查询方便的特色资源服务体系，并通过云服务平台提供资源对接服务。

特色资源以反映当地历史、文化、教育、科技等特色的各类资源为主，通过搭建资源共享平台，促进特色资源得到更好的传播和共享。

（三）智慧管理系统

智慧管理系统的应用主体主要是图书馆管理者和图书馆馆员，智慧管理系统通过各种高新技术，结合图书馆发展和自身业务需求，推动图书馆管理的智慧化。主要包括以下三个种子系统。

1. 射频识别（RFID）系统

射频识别技术是当前图书馆智慧化建设过程中使用最广泛的技术，已成为智慧图书馆的主要技术标志之一。当前应用于图书馆的 RFID 主要有高频（HF）和超高频（UHF）两种，两者都各有其优缺点：高频标签由于受读取距离限制，容易出现数据漏读以及相互干扰问题；超高频标签读取距离较远，但具有跳频特性，会出现超范围误读的情形。总体而言，目前图书馆所用的 RFID 正逐步向超高频标签过渡，跳频、存储容量小、设备成本高等障碍正在逐步被解决。与此同时，RFID 技术还可以实现图书的自助借还，简化借书流程；实现自动分拣、盘点以及安全防盗；根据自身状况和需求开发富有特色和个性化色彩的应用功能，最大限度激发应用潜能。RFID 系统建设是智慧图书馆建设的基本任务，要从自身的实际需求出发，选用相对成熟的产品，确保与不同系统之间的互联互通，所采集的数据能为各应用系统使用。

2. 二维码

二维码（Quick Response Code）能表示高容量的文字、图形甚至声音等信息，是当今应用十分广泛的技术。二维码在智慧图书馆中有多方面的应用：用二维码扫描代替身份识别可实现无证借还；在特定需要的地点提供使用指引；在书库中的二维码能提供书库馆藏类别及架位信息；将图书简介以及书评信息等置于二维码中供读者分享；将图书馆发布的信息以及相关的位置信息等通过二维码传递给读者；将电子资源链接置于查询结果页面，让读者通过二维码下载至手机等终端。智慧图书馆建设过程中须对部分图书和其他馆藏以及读者证、员工证采用二维码技术，进一步丰富数据采集的方式，弥补 RFID 等存在的不足。

3. 智能定位系统

智慧图书馆需要实现对人员、馆藏和图书馆本身的位置感知，必须通过智能定位系统来实现。智能定位系统涉及馆内定位和馆外定位两个层面，馆外的定位系统主要通过 GPS 系统进行定位，该系统可以感知读者实时的外部位置，结合大数据和云计算技术既可为读者推送周边的图书馆地点以及相关目的地等，又可为读者提供全程的位置导航服务；馆内的定位系统，涉及人员以及馆藏资源的位置定位，人员的定位主要使用 Wi-Fi 和 ZigBee 相结合的定位技术，且以 Wi-Fi 定位技术为主，ZigBee 则作为 Wi-Fi 的补充来提高定位的精度。对馆藏资源的定位主要利用 RFID 的智能感知技术，由智能书架上的感知系统感知馆藏品上附载的 RFID 信息，并将感知到的结果反馈到图书馆管理系统以及读者的移动设备上实现对馆藏资源的实时定位，实现人性化的服务。智慧图书馆建设需要综合采用各类定位技术，使基于位置的服务能为读者、馆员和图书馆的管理创造更大价值。

（四）智慧学习系统

智慧学习系统主要是网络学习平台，是一个包括网上教学和教学辅导、网上自学、网上图书馆技能学习、网上学生培训学习、网上师生交流、网上作业、网上测试以及质量评估等多种服务在内的综合教学服务支持系统，它能为学生、教师提供实时和非实时的教学辅导服务。宗旨是帮助系统管理者掌控各种学习活动内容与记录学习者的学习情况及进度。凭借该系统，管理者可以安排各类学习活动与学习者的学习过程。

（五）智慧馆员系统

智慧图书馆的建设对图书馆的馆员提出了更高的要求，既要让他们成为各类智慧应用系统的行家里手，又要成为解决读者问题的专家。智慧馆员系统是智慧图书馆的核心支撑系统，对提升图书馆的整体管理和服务能力有着重要作用。智慧馆员系统主要建设内容如下。

1. 馆员工作站业务系统

馆员工作站业务系统是馆员开展图书管理业务的基础系统，用于图书信息核查、图书盘点、图书出借情况登记等，根据智慧图书馆实际业务需要进行针对性开发。

2. 智慧馆员培训系统

学习培训是传统馆员向智慧馆员转型升级的必备条件，建设智慧馆员培训系统，为馆员提供良好的培训学习平台，既能保证集体培训的需要，也能满足个人单独学习培训的需要。

3. 馆员任务管理系统

结合馆员具体的工作任务，开发个性化的馆员任务管理系统，根据内部工作流程要求进行任务分解，对各项工作任务进行动态管理，提高作业管理水平和执行效率。

4. 馆员综合管理系统

馆员综合管理系统包括馆员考勤、绩效、职务等级、财务收支等在内的相关业务，是馆员个人进行自我管理、自助办理各项业务的信息系统。

（六）智慧社交系统

信息技术飞速发展，在改变人们的生产方式的同时，也在不断变革人们的生活方式。尤其是在大学生人群中，移动社交功能应用越来越普遍，学生之间联系的桥梁由以前的打电话、发短信逐渐变为利用微信等手机应用来实现。具备强大的智慧社交功能既是智慧图书馆建设的重要目标，也是迎合新一代读者发展需要的必然选择。智慧社群系统的建设要以"为读者提供融学习、社交和娱乐于一体的城市空间"为基本理念，结合O2O（线上线下）融合发展的思路，为读者提供全方位支持。智慧社交系统的建设内容如下。

1. 微信服务平台

全面丰富和完善智慧图书馆微信服务平台的功能，使其成为连接图书馆与读者的纽带。主要功能包括：微信号与借书证号绑定，直接凭微信号进行图书借阅和场馆预约等；微信号管理个人图书馆账户，实时获得各种个人数据；利用微信直接获取电子文献、影视频等馆内外资源；利用微信缴纳各类逾期罚款、打印复印以及其他有偿使用的费用；利用微信预订各类讲座、影视频节目演播的座次；利用微信建立学科微信群，服务学科发展需要。

2. 读者评价系统

建设读者评价系统，为读者提供评价和相互分享读书心得的渠道，并通过评价得积分的方法鼓励读者多做评价、认真做评价、负责任地做评价。

3. 读者荐购系统

对读者急需又符合采购规定、读者反映较好但尚未采购的图书，可以通过读者荐购，由图书馆根据实际情况进行采购安排。

4. 合作客户渠道

为各类合作客户提供业务交流和业务联络的窗口，如出版商、书店、地方文化资源提供者、其他图书馆以及其他与图书馆有业务往来的机构等，通过建立网上的业务渠道，为进一步加强合作、简化流程提供技术支撑。

（七）智慧服务系统

智慧服务是智慧图书馆的核心功能，既包括图书馆传统服务的智慧化，也包括利用各种新技术提供的创新服务。主要包括以下子系统。

1. 自助服务系统

自助服务是智慧图书馆的重要特色，既能满足读者自主选择服务的需要，又能提升图书馆的服务效率和服务水准。自助服务具体项目如下：自助办证；自助借还；自助打印复印扫描；自助馆内开放空间预约；自助电子资源检索；自助缴费等。自助服务的形式多样，可根据实际需要不断开发新的自助服务项目，尽可能为读者带来更多便利，同时也让馆员有更多的精力提供更加专业的服务。

2. 移动图书馆

移动图书馆依托成熟的移动通信网络、互联网以及多媒体技术，使读者不受时间和空间的限制，通过各种便携移动设备（手机、PDA、手持阅读器和平板电脑等）方便灵活地进行图书馆的信息查询、浏览，可一站式查找并获取图书馆纸本图书及电子资源，帮助读者通过移动端的 App 享受图书馆提供的一系列服务。移动图书馆要重点解决手机客户端访问的联机公共检索目录（Online Public Access Catalogue，OPAC）系统，通过 App 访问，读者可以实现基本字段检索、书目查询、阅读全文、新书预约、图书续借、新书通报和关注等主要功能。此外，还应具有提示书籍借阅期限到期等功能。

3. 个性化定制服务

根据读者兴趣爱好、职业特征以及地理位置等提供有针对性的个性化定制服务。具体的服务内容如下：个性化图书推荐；个性化电子期刊订阅；个性化讲座推荐；个性化科技查新服务；个性化影视媒体欣赏安排。个性化定制服务可结合读者的需求不断优化完善，探索新的服务项目和服务模式，为读者提供更加切合实际需求的个性化服务。

第三节 智慧图书馆管理与服务机制构建

伴随着信息技术的快速发展，物联网、移动终端、云计算、RFID 等相关技术的出现使图书馆进入智慧图书馆时代。与其他时代的图书馆相比，智慧图书馆表现出智能化、无线网络全面覆盖、泛在化的特点。受到这些变化的影响，智慧图书馆在管理内容、管理机制等方面也发生一些转变，要想更好地激发智慧图书馆的发展，相关工作者就必须深入探究提升智慧图书馆管理及服务机制的具体途径。

一、智慧图书馆管理的基本要求

智慧图书馆管理工作是指对智慧图书馆工作开展过程中的各个环节进行有效的管理，管理内容涉及图书借阅管理、网络资源管理、图书采购及管理、读者管理和管理员管理几个方面。传统图书馆工作模式下，由于没有强大的物联网、移动终端作为后盾，图书馆管理工作者开展管理时往往是采用人工的方式进行管理。智慧图书馆工作模式下，相关管理工作的开展发生了一定的变化，对于工作者来讲，只有理解了智慧图书馆管理工作模式所发生的一些基本变化，才能更好地开展相关的管理工作。

（一）一切管理以人的需求展开

智慧图书馆管理工作的核心是以人为本，即采用何种方式进行图书馆管理才能更好地体现以人为本。智慧图书馆管理工作开展过程中必须同时关注员工及读者两个群体的基本需求，从尊重用户需求、挖掘管理潜力的角度出发展开相关的管理工作，进而设计出对应的管理策略和服务模式，才能更好地激发员工工作的积极性、提升读者的满意度。

第一，对于智慧图书馆管理者来讲，其自身在开展图书馆管理工作时需要更多便捷的工作途径，才能更好地提升自身工作效率。为了更好地实现这一目标，智慧图书馆的运营者、高层管理者就必须在智慧管理方面做好充分的准备工作。一方面，通过购置各种智慧终端设备，提升图书馆的管理工作效率。以图书借阅管理为例，借助各种智慧借阅管理终端可以轻松实现读者自助借书和还书，极大地缓解了图书管理员的工作压力，让图书管理员有更多精力开展其他工作。另一方面，通过学习各种先进的管理理念提升自身管理效率及管理质量。

第二，对于读者管理工作来讲，同样需要考虑读者自身的需求。读者是智慧图书馆服务的对象。伴随着图书馆由传统图书馆向智慧图书馆转变，读者所需要的服务也应有所转变。传统图书馆能够为读者提供的服务较为有限，管理起来也比较容易。智慧图书馆时代，读者可以接受更多个性化的服务，因此在管理读者的过程中也应体现出人性化的原则。

（二）图书管理以网络作为重要技术展开

智慧图书馆的核心技术是物联网，在图书馆中搭建一个网络全覆盖的物联网终端，才能实现智慧图书馆的正常运行。因此，网络成为智慧图书馆管理工作过程中的重要桥梁，所有管理工作也应围绕网络开展相关的工作。一方面，智慧图书馆应面向社会大众传播各种知识，作为管理者来讲应发挥网络优势对其管理模式进行创新；另一方面，智慧图书馆应结合实际情况对互联网的管理模式进行创新，合理设置网络的分享与使用模式，提升用户使用便利程度。为此，智慧图书馆应构建一个以信息化、数字化、智能化为主题的管理模式。第一，以促进社会经济发展作为主要动力，以现代科技作为基础支撑，最大限度地满足读者的基本需求的同时，借助网络优化图书馆日常管理工作质量，合理挖掘每一位员工的工作积极性，促使其借助网络为用户提供更加优良的服务。第二，借助物联网明确图书馆的职能定位，在构建智慧图书馆的过程中，必须明确为广大读者提供信息服务的职责，发挥现代化图书馆本身的社会价值。引导每一位图书馆管理者合理使用网络技术开展服务，提升所有管理人员使用网络技术开展工作的水平。

（三）以创新发展作为管理工作基本目标

智慧图书馆背景下，受到互联网的影响，大量知识及数据都可以通过网络的渠道获取，从而在很大程度上降低用户在图书馆获取知识的基本需求。受到这一背景的影响，智慧图书馆在开展相关服务的过程中也应有所创新，通过不断植入更多全新的服务内容，实现智慧图书馆管理的可持续发展。对于智慧图书馆管理者来讲，应面向全体读者推出一套完整的"网络+阅读"服务，从而更好地巩固图书馆本身的社会地位，增加读者对图书馆本身的依赖程度。通过开通智慧图书馆官方公众号的方式，让更多读者在公众号中获取一些最新的资讯。借助互联网创设实时聊天空间，欢迎读者在网上与其他读者展开深度学术交流。借助大数据对读者的借阅习惯、借阅行为进行数据分析，了解读者的类型及借阅爱好，为读者提供个性化的阅读资讯。根据读者的实际需求定期推送各种服务信息，满足读者的自身需求。此外，由于管理员的很多手工工作内容被智慧化工具所替代，管理员应寻求更多个性化的阅读服务内容，通过不断提升自身业务服务水平，实现智慧图书馆管理的可持续发展。

二、智慧图书馆服务机制构建策略

在智慧图书馆管理工作内容发生一定转变的同时，智慧图书馆在面向读者提供服务时的管理机制也应发生对应的转变，通过对其机制构建的目的、内容进行优化，才能更好地满足智慧图书馆的发展需求。

（一）发挥智能设备优势，提升基础服务质量

对于智慧图书馆来讲，不管其能够提供服务的内容有多么丰富，基础的服务永远都是以为读者提供书籍借阅、文献查找为主的。传统图书馆中，工作人员开展相关服务往往是以人工的方式展开的。智慧图书馆背景下，通过引进互联网技术，可以实现书籍位置的快速定位、线上书籍查找、图书借阅、归还自动化处理。智慧图书馆本身属于一个整体的管理系统，其内部系统具有较强的交流互动性，因此便于更好地将内部资源进行整合，从而给读者提供更加便利的服务。传统图书馆中，不同部门、不同业务之间具有一定的壁垒，使得读者很难在较短的时间内获取其他部门的服务，也很难将自己的想法进行反馈。智慧图书馆则可以利用计算机及网络对各种业务进行串联，从而在较短的时间内实现智慧图书馆内各个部门的有效串联，从而及时将不同部门中读者的信息反馈给对应部门，进而有效地打破图书馆各个部门之间的隔阂，提升整体服务水平。通过建立智慧图书馆核心管理平台，实现图书馆资源的有效共享，进而为读者打造一个能够进行有效交流的、线上线下共同合作的平台。这一平台建立后，读者就可以在平台中与其他读者展开深度交流，在互相学习、互相交流的过程中实现共同进步。同时，读者还可以将自己的想法、疑惑与其他专业人士进行交流，条件允许的情况下还可以通过平台与现代文学作者展开交流，从而更好地提升服务质量。

（二）培养专业技术人员，引导员工实现职能转换

智慧图书馆模式下，很多传统图书馆工作过程中复杂、枯燥的工作内容被机器取代，

这时图书馆基层管理人员的工作内容也发生一些基本的转变，不仅降低了管理人员的工作负担，还便于管理人员开展更多创新实践活动。然而，传统管理模式下的工作内容尽管枯燥，但具有操作简单的特点。智慧图书馆时代下对图书馆管理人员的工作技能提出更多新的要求，不仅要求其具有良好的图书馆管理知识，还必须具有掌握系统设备操作原理的素养，因此必须对图书馆管理人员的素养进行优化和升级。第一，建立健全人才引进管理机制，提升人才整体质量。由于智慧图书馆的各项工作都需要使用计算机展开，因此所招聘的工作人员必须具有较强的文化水平和对应的计算机应用素养。在人才招聘过程中，就必须提升人才招聘的整体质量，将一些真才实学的人才吸引到图书馆中。第二，建立健全人才培养机制，提升现有人才整体质量。对于一些入职已久且不熟悉计算机的工作人员，智慧图书馆应定时开展相关能力提升活动，让更多管理人员掌握更多技术，提升管理人员整体水平。第三，建立合理的人才激励机制，努力做到惩罚分明，才能让所有员工在良性竞争的氛围中实现不断成长。

（三）发挥数据网络资源优势，强化对特色资源的挖掘力度

任何一个智慧图书馆要想寻求更好的发展，除需要做好基础设施的建设和管理工作外，还应充分发挥网络资源的优势挖掘更多特色资源，打造一个极富特色的主题式智慧图书馆，才能更好地满足读者的基本需求。第一，在图书馆不断发展的过程中，管理人员应从地域文化中提取相关元素展开建设，借助智慧图书馆本身所独有的文献整理工具，对与本地相关的各种地域文化进行分类和重组，实现图书馆馆藏资源的有效分类。第二，在对各类地域文化进行分类的过程中，智慧图书馆管理人员应充分考虑不同文献的价值、读者的需求及对应的技术等，发挥大数据优势对各种文献的类型、影响度、知名度进行界定，从而更好地提升资源的服务优势，发挥特色资源在智慧图书馆管理工作中的整体地位。

第四节　元宇宙赋能智慧图书馆发展的探索

一、元宇宙与图书馆

元宇宙是依托当前云计算、区块链、大数据、VR/AR、人工智能、3D引擎及5G等新兴技术来构建一个现实与虚拟高度融合互通的平台，给用户提供沉浸式的体验。同时，元宇宙还秉承创新、共建、共享、共治理念，旨在借助数字货币、市场、资产、消费等数字

经济新模式来打造闭环经济体构造的开源平台①。疫情的发生给人们的生活生产方式造成了巨大的改变，线上生活才是新常态。元宇宙可以给人们提供一个现实与虚拟互动的交流平台，其丰富多彩的内容为用户带来不一样的体验。疫情的发生推动了元宇宙的发展，同时元宇宙也为疫情后经济复苏提供了新的动力。元宇宙与其他领域的结合，催生了许多新的产业创新模式，比如当前出现的"企业元宇宙""教育元宇宙""游戏元宇宙"等。图书馆作为一个公共文化传播的场所，是人民群众获取和交流知识的重要平台。图书馆借助元宇宙技术赋能，可以满足群众的多样化阅读需求，提升阅读体验效果，促进了文化的传播和交流。②

元宇宙赋能智慧图书馆，可以充分吸收元宇宙的特性，搭建读者创作模块、虚拟交流平台和构建经济系统的智慧图书馆，打造一个具体优质服务体验的新型图书馆，增强图书馆用户黏性，帮助用户更好地获取知识，真正发挥图书馆公共文化服务的职能效能。③

（一）元宇宙基础认知

元宇宙概念最早诞生于美国作家尼尔·斯蒂芬森于 1992 年出版的科幻小说《雪崩》，2021 年随着游戏公司 Roblox 将"元宇宙"写进招股说明书、Facebook 改名为"Mata"等事件发生，"元宇宙"概念引起热议，这一年被称为"元宇宙元年"。元宇宙是一种多学科的综合技术，其核心在于系统地运用多领域技术，具有较多的技术设备及底层技术。许多学者对元宇宙进行研究，但是当前研究理论并未形成体系，相关概念也并没有非常成熟与清晰。然而，元宇宙将成为一场互联网技术革命已成趋势，其第三代互联网（Web3.0）的基本特征已经显现，拥有多种软硬件技术集成，是区块链、数字孪生、人工智能和虚拟现实技术的结合体，本质上具有"超强社交""虚拟化分身""沉浸式体验"等多种属性。其还具有稳定安全的交易系统以及优秀的用户隐私保护机制，用户可以在虚拟数字化连续空间自主选择发布权限。元宇宙带来的技术革命是一场全新的工业技术革命，将对我们的生产生活产生深远影响。综上所述，元宇宙的特征可以归纳为以下五点：社交、数字身份、多元化、沉浸感以及随时随地。

（二）元宇宙应用于图书馆的认知构想

相关学者在图书馆的研究应用了元宇宙技术，这为图书馆的研究开启了新的方向。图

① 刘子涵.元宇宙：人类数字化生存的高级形态 [J].新阅读，2021（9）：78~79.
② 曾建勋.关注元宇宙对图书馆的影响 [J].数字图书馆论坛，2022（7）：1.
③ 张兴旺.面向元宇宙的图书馆信息物理融合研究 [J].数字图书馆论坛，2022（4）：53~59.

书馆与元宇宙技术的结合为图书馆的未来发展提供新的思路,同时也为图书馆的升级提供新的动力。元宇宙技术让图书馆突破了现实空间的束缚,让智慧图书馆成为现实,扩大了智慧图书馆的服务范围,让用户可以自由进入无限的虚拟图书馆空间,这即是"图书馆元宇宙"①。用户可以在虚拟图书馆注册账号,通过用户账号登录虚拟图书馆,用户在虚拟图书馆可以与其他用户进行自由交流。同时,图书馆汇聚了海量的电子图书资料,各种最新的图书均可通过网络快速上传至虚拟图书馆,大大缩短传统的知识生产、建构、传播和应用等环节的时空距离。用户在虚拟图书馆可以快速获得各种学习资料,不用局限于传统的师生空间教学模式,老师也可以从现实的教学空间转移到网络空间教学,这种新型的教学模式极大地提高学习的效率和知识的传播速度,形成一种多元融合、民主开放和去中心化的新型学习模式,让用户可以得到沉浸式的智慧交互、全息通信、拓展现实和感官互联等服务体验。用户可以在现实与虚拟中自由选择交流对象,用户间的交流方式也变得更加多样,用户既可以与其他用户进行互动,也可以和元宇宙智慧图书馆进行人机互动,这种非线性互动建立起多层次、多中学及虚实结合的社交网络结构。用户间的交流会产生大量的信息,整个社交网络还包括智慧图书馆相关的组成元素:学习视频及音频、电子图书、学术文献、虚拟课堂、虚拟经济体系、知识游戏及会议与办公系统等。

二、元宇宙赋能智慧图书馆的体现

(一) 元宇宙赋能智慧图书馆的内涵

元宇宙的社交、数字身份、多元化、沉浸感等特征要求其具有巨大的信息空间,图书馆作为知识和信息的存储场所,具有传播知识和信息的职责,元宇宙的虚拟世界信息交流离不开图书馆,图书馆可以作为元宇宙信息交流的核心场所,以此来满足虚拟世界的交流。元宇宙与图书馆进行有机融合可以产生良好的效应,形成一个满足现实与虚拟世界互融互通的生态体系,从而满足用户的新型知识组织、管理以及服务需要,生成一个与现实中图书馆平行且独立的智慧图书馆元宇宙空间。其相比于图书馆现实世界更具有沉浸式的立体体验,具有去中心化的空间交互、虚实融合、多元协作的知识生产和人机互动的数字化交流等主要特征。

智慧图书馆元宇宙可以更好地满足用户的需求,拥有丰富的信息资源以供用户有更多的可能来选择知识资源,同时还具有良好的知识服务体感,让用户可以感受沉浸式的立体

---

① 李默. 元宇宙视域下的智慧图书馆服务模式与技术框架研究 [J]. 情报理论与实践,2022,45 (3):88~93.

学习体验，是元宇宙赋能智慧图书馆的落脚点。其本质是通过对物理世界的映射、计算和分析，来实现智慧图书馆的感知、模拟、决策和管理，有效地解决智慧图书馆在管理过程中出现的问题，提供给用户一个良好的阅读体验，科学地将数据、文献、信息、知识资源与书架、阅览室、网络设施等物理实体资源进行协调，实现资源与数据资源的有机融合，打造一个图书馆服务闭环赋能体系，从而建立一个现实与虚拟世界结合的实时沉浸式的立体体验的生态体系，构建符合用户需求的智慧图书馆元宇宙。元宇宙是一个现实与虚拟高度融合互通的平台，不仅是一种网络新技术，也是一个开源平台，在未来图书馆智慧化和信息化建设中可以发挥重要作用。

（二）元宇宙赋能智慧图书馆的必要性

1. 拓展时空界限

传统的图书馆包括两大文化特性："书—人—馆"和"数字—人—资源"，前者是以图书馆现实空间为载体的现实文化，后者是以图书馆虚拟空间为载体的虚拟文化[①]。图书馆借助元宇宙技术可以实现虚实结合，突破现实空间的束缚，人们可以进入不受现实空间限制的虚拟图书馆，在无限的虚拟空间自由翱翔，根据自身的个性化需求选定角色进行全新的生命体验，元宇宙赋能智慧图书馆的建设是一种新的图书馆变革，不仅改变人们的阅读和学习模式，还将做到图书馆现实和虚拟空间的有机结合，用户可以突破现实界限，接触到各种全新的知识领域，感受到全新的学习体验。这种超越时空限制的学习和阅读模式将会使用户形成自我思考和探索，帮助用户建立系统性的知识系统。

2. 寻求全新模式体验

图书馆与元宇宙结合扩展了图书馆的服务领域与空间，将传统的图书馆现实空间、教室教学空间和个人学习空间进行融合，使这三种空间得到互联互通，创造出满足用户个性化需求的智能学习和阅读空间。元宇宙赋能的智慧图书馆可以将各种海量的资料进行聚集，用户登录虚拟图书馆即可获得各种资源，同时还可以不用局限于传统的师生空间教学模式，大大缩短传统的知识生产、建构、传播和应用等环节的时空距离，形成一种多元融合、民主开放和去中心化的新型学习模式，这种教学模式极大地提高学习的效率和知识的传播速度。用户还可以将自身的学习心得与其他用户自由交流，根据自己的学习需求及时调整学习方向，通过学习互动来体验学习带来的乐趣，并建立自我知识体系，让用户可以得到他人的学习建议并进行自我反思，最终促进其智慧生成。

---

① 柯平. 智慧图书馆是一种新文化吗？——智慧图书馆热中的冷思考 [J]. 图书馆理论与实践，2022 (5)：1~8.

3. 认知改变

元宇宙是一种多学科综合的技术，它借助 AI、5G/6G、XR、数字经济、数字孪生和区块链等信息技术来搭建虚实结合的新型互联网应用业态，形成一个平行且独立于现实空间的虚拟社会形态。基于此，本研究认为未来元宇宙将作为全新的虚实交互网络技术应用到各行各业，其最终将打破所有现实与虚拟的界限，有机地将现实与虚拟结合起来，"线上"与"线下"之间的交流壁垒也将不攻自破，最终颠覆和超越 Web3.0 时代格局，孕育出全新思维模式的新型互联网空间。图书馆作为传播知识的主要场所，图书馆与元宇宙的结合是智慧图书馆发展的大趋势，图书馆运用元宇宙技术将形成现实与虚拟高效结合的全新智慧图书馆，这可以扩展图书馆的服务范围，突破空间的限制，改变人们对图书馆的传统认知与理解，让用户可以进入一个依托现实却高于现实、虚实融合的数字虚拟图书馆，让用户得到沉浸式的服务体验。

（三）元宇宙赋能智慧图书馆的基本特征

目前，元宇宙的理论和构想已经逐渐被图书馆界认可和接受，相关研究成果不断出现。通过剖析目前学术界对元宇宙概念与特征的描述，可以初步提取出元宇宙赋能智慧图书馆的以下四个核心理念。

1. 全域感知

图书馆元宇宙空间要实现现实图书馆不具备的优势，建立一个依靠大数据和人工智能等新技术的全时段、全量及全域的数字生态体系，从而实现数字图书馆的建设初衷，为用户提供多维度、多层次、多尺度及多物理量的人机互动，全面地提升图书馆公共文化服务职能[①]。现阶段，元宇宙图书馆在发展中存在全域感知的不足，通过"现实自然人—虚拟数字人—人机交互—环境感知"的全方位、多维度、立体层的智慧元结构搭建，可以弥补该短板。全域感知的目的是将元宇宙图书馆的各种资源与书中的人和物进行感知对应，用户在阅读图书的同时还可以与书中人物进行互动，真正实现了图书馆的全面感知。这种感知是依靠物联网和互联网技术，将图书馆的现实空间要素精准地动态捕捉，将人、机、物以及文献资源进行业务流程重构，将增强现实技术的以点带面传感功能发挥出来，并依靠其基于人工智能技术的目标图像智能识别功能自动感知并获取环境信息，实现自动提供图书排架、图书馆导航、环境立体感知、应急安全管理等智能功能，体现了全域感知的特点。

---

① 张兴旺. 图书馆与元宇宙理论融合：内涵特征、体系结构与发展趋势［J］. 图书与情报，2021（6）：81~89.

2. 虚实结合

目前，大多数学者认为元宇宙并不是一个完全虚拟的世界，而是更趋近于一种与现实世界平行的虚拟社会形态[①]。在元宇宙形态以及基础技术的赋能下，智慧图书馆也应该具有虚实相融的服务特征。虚拟图书馆并不是孤立存在，而是与现实图书馆相辅相成。虚拟图书馆的发展离不开现实图书馆的存在，二者要相互依托存在。虚拟图书馆要以现实图书馆为基础，做到虚拟与现实互通。这就证实虚拟与实体要有一定的相融空间，既符合未来理想化的元宇宙状态，也能推动元宇宙更好地为智慧图书馆赋能[②]。

3. 实时服务

元宇宙赋能智慧图书馆很大的一个目的就是推动图书馆能够随时随地为用户服务。尽管目前图书馆的远程服务以及在线服务水平已经有较大提升，但仍未达到让用户实时获取服务的理想状况。在元宇宙赋能下，图书馆要融合各种虚拟交互技术、实时动态监测技术及终端设备等，将实体的图书馆资源与虚拟图书馆相适应，两者做到相辅相成，共同为用户提供良好的资源、教育、咨询服务体验。

4. 技术融合

元宇宙是集数字技术之大成的一种虚拟社会形态。在理想的元宇宙环境下，人们可以在其中进行工作、学习、社交等各种社会活动。这就要求元宇宙赋能下的智慧图书馆应该具有更高的沉浸式体验、更低的交互延迟、更完整的经济系统以及更全面的文明体系等，而这些都需要各种技术的融合支持。技术融合是元宇宙的核心理念之一，也是未来智慧图书馆通向元宇宙的必经之路。

(四) 元宇宙赋能智慧图书馆的应用

元宇宙并不是一种简单的技术，是多学科的综合领域发展，要借助大数据、区块链、人工智能及 5G 等多种新技术，故元宇宙赋能智慧图书馆在应用中要综合进行思考，从整体上进行规划和布局。针对元宇宙赋能智慧图书馆的应用探究，将从阅读体验、个人知识空间、文化推广及书籍排列等方面进行。

1. 独特文化推广

用户可以通过元宇宙技术来感受实时的图书馆实景，实现线上的图书馆实景体验，将

---

① 李洪晨. 元宇宙图书馆：一座看得见的天堂——"天堂的具象：图书馆元宇宙的理想"论坛综述 [J]. 图书馆论坛，2022，42 (7)：1~6.

② 李默. 元宇宙视域下的智慧图书馆服务模式与技术框架研究 [J]. 情报理论与实践，2022，45 (3)：89~93.

自身置于图书馆的内部空间，并可以根据不同的时间来查看图书馆的变化，体验展览时光机，这是一种高度的沉浸式体验。图书馆在举办各种比赛、会议和培训等活动时，不仅可以通过网络直播向社会大众开放，还可以通过全景摄像等技术将全过程录制下来，应用元宇宙技术将该视频以 360° 视角向用户开放，让用户体验到身临其境的乐趣。随着元宇宙领域的研究不断增多，元宇宙赋能智慧图书馆的主题也呈现出多样化，并融合其他领域的主题，有效地增加了读者的关注度。

2. 优化个人知识空间

结合用户的搜索信息，智慧图书馆可以获得用户的个性化需求，并通过聚类算法和相似度算法，建立标签体系，根据不同用户的个性化需求来形成不同的图书排序，真正做到图书资源的精准投放，优化读者的个人知识空间。

3. 优化阅读体验

传统虚拟现实技术应用存在着不足，现实与虚拟都是局部结合，无法实现现实与虚拟的全面互动，是一种沉浸感不足的体验。元宇宙的出现极大地改善了这个问题，用户可以利用元宇宙赋能智慧图书馆来与书中的人物进行互动，实现将书本的知识立体化和可视化展现。这种新的模式可以带给用户高度沉浸感与交互感，大大提高了图书馆的服务能力，也为图书馆未来的发展方向提供了新的思路。

4. 书籍智慧排列

元宇宙赋能智慧图书馆的分类方式将与传统图书馆不同，根据用户的个性化需求来进行分类，并没有采用传统的学科领域分类方式，馆藏资源的排序是根据用户的个性化需求热度来进行。云上智慧图书馆会根据用户的搜索信息对全领域的书籍进行检索，同时根据用户的需求特征对全领域的图书根据需求关系的强弱进行分类，与需求关联性强的书籍则会被推荐到学科领域的顶端，关联性弱的则在末端。这样在用户下次进行阅读时，全智慧图书馆会将已经形成符合用户个性化需求的图书排序推荐给用户，极大地提高了服务效率和服务体验。同时，用户如果需求发生改变，那智慧图书馆将再次进行检索，并根据新的需求重新排列书籍。不同用户的需求不同，则图书馆的排序方式也不同，这样可以让每一位用户都体验到个性化服务。

三、元宇宙赋能智慧图书馆的机遇与挑战

元宇宙是各种数字技术的集合，依托现实世界的规则和基础来建立一个虚拟的数字空间。这种变局给图书馆带来了挑战，同时也为图书馆升级改造为智慧图书馆带来了机遇。

（一）基于元宇宙的智慧图书馆发展机遇

1. 增加服务职能，加强用户沉浸感

元宇宙赋能智慧图书馆是依托现实图书馆来搭建虚实结合的虚拟图书馆空间，它既保留着现实图书馆的阅读服务、教育学习、文化娱乐、资料保存和交流互动等职能，还增加了社交活动、创作分享以及数据保存等职能。元宇宙具有非常强大的社交功能，这就给智慧图书馆带来了强大社交属性，用户可以在虚拟图书馆空间进行互动，把彼此之间的学习心得进行分享。同时通过用户的信息查询、图书阅读和服务类型可以获得用户的个性化需求，通过大数据寻找具有相同兴趣爱好的用户，让这些更加容易结交的用户更快认识。元宇宙图书馆的数据职能是指通过云计算、大数据技术及人工智能等技术的深度结合，提高智慧图书馆的数据存储和传输能力。图书馆作为图书资源的保存者，图书资源是其重要的核心资源。智慧图书馆可以存储更多的数字图书资源，让用户通过数据检索得到需要的电子资料，为用户提供更加精准的服务。元宇宙图书馆的创作职能是指用户不仅可以在图书馆中获得信息和服务，还可以利用图书馆进行创作，每一个用户都是图书馆的创作者，每个人都可以在区块链上对自己喜欢的书籍进行修改扩充，区块链得到超过51%的用户同意即可获得通过。这种创造职能让用户从阅读者转变为创作者，让他们可以获得创作的体验，提高了用户的阅读兴趣，增加了用户与图书馆的黏性，让用户的参与度和沉浸感得到质的提升①。

2. 打破空间限制，实现虚实共生

图书馆具有存储知识和传播知识的功能，知识资源的不断丰富也造成了图书馆实体空间的不足，受制于现实因素，图书馆不可能无限扩建，这给图书馆的发展形成了桎梏。为了满足用户日益增长的阅读需求，未来智慧图书馆的发展趋势必是应用元宇宙技术来搭建一个与现实世界相平行的虚拟世界。智慧图书馆可以根据不同用户的需求特征来实现精准服务，满足不同用户的个性化需求，同时还可以践行低碳节能的绿色发展目标。元宇宙凭借全域感知、虚实结合、实时服务和技术整合等多种特征，借助元宇宙技术来推动智慧图书馆建设，打造一个虚实共生、视觉沉浸体验、人工智能无缝交融和互联互通的智慧图书馆。

① 李洪晨，马捷. 沉浸理论视角下元宇宙图书馆"人、场、物"重构研究 [J]. 情报科学，2022，40（1）：10~15.

（二）元宇宙背景下智慧图书馆发展面临的挑战

元宇宙在智慧图书馆建设中也是一把双刃剑，给智慧图书馆发展带来新的机遇，但是智慧图书馆的建立要依靠数字技术，现实世界与虚拟世界的互联互通需要大量的用户数据驱动，这也随之带来了网络数据安全保护问题。

元宇宙不仅是一种技术，还是一个现实与虚拟高度融合互通的平台，也是一种由闭环经济体构造的开源平台[①]。元宇宙的发展需要大量的数据源，信息的传播速度加快，在促进人们信息交流的同时也加快了虚假信息传播，造成网络的不准确性，给用户的数据安全带来隐患，严重时会使用户的隐私泄露，所以用户数据安全保护与可访问性之间的关系是元宇宙发展的巨大挑战。

在元宇宙情境下，监管治理规则研究同样十分重要。然而分布式的元宇宙更不容易受到监督，容易产生劣币驱逐良币的风险，亟待进一步完善监管治理规则体系。同时，也要继续开展公众数字素养和技能教育，提高对新技术的认知和应用能力，共同促进元宇宙领域的健康有序发展[②]。

[①] 喻国民，耿晓梦. 元宇宙：媒介化社会的未来生态图景 [J]. 新疆师范大学学报（哲学社会科学版），2022（3）：110~118.

[②] 费成. 图书馆情报学与元宇宙：共识共创共进 [J]. 中国图书馆学报，2022，48（6）：4~5.

参考文献

［1］阚丽红. 智慧图书馆建设与服务创新研究［M］. 长春：吉林文史出版社，2022.

［2］贾虹. 智慧图书馆及其服务创新研究［M］. 北京：中国农业出版社，2022.

［3］孙建丽. 现代图书馆管理与信息技术应用研究［M］. 沈阳：万卷出版公司，2022.

［4］邓润阳. 图书馆阅读服务与现代信息管理［M］. 长春：吉林出版集团股份有限公司，2022.

［5］李蕾，史蕾. 公共图书馆服务与创新管理［M］. 延吉：延边大学出版社，2022.

［6］宋菲，张新杰，郭松竹. 图书馆资源建设管理与阅读服务研究［M］. 长春：吉林人民出版社，2021.

［7］李一男. 现代公共图书馆资源建设与服务的多维透视［M］. 长春：吉林大学出版社有限责任公司，2021.

［8］韩雨彤，常飞. 图书馆信息资源建设发展研究［M］. 北京：应急管理出版社，2020.

［9］高华英，刘宝昌. 大学图书馆资源开发与应用研究［M］. 长春：吉林出版集团股份有限公司，2020.

［10］张钧. 图书馆人力资源管理［M］. 北京：中国商业出版社，2020.

［11］宋松. 公共图书馆信息资源建设研究［M］. 北京：现代出版社，2019.

［12］耿绅翔. 大学图书馆资源开发与应用［M］. 长春：吉林出版集团股份有限公司，2019.

［13］范广秀，高晓东. 现代图书馆资源管理研究与探索［M］. 北京：中国原子能出版社，2019.

［14］容海萍，赵丽，刘斌. 图书馆信息资源建设［M］. 北京/西安：世界图书出版公司，2019.

［15］李良艳，陈俊霖，孙杏花. 现代图书馆管理理论研究［M］. 北京：中国商务出版社，2019.

［16］刘春节. 图书馆管理与信息应用［M］. 昆明：云南科技出版社，2019.

［17］滕玉蓉，刘皎. 图书馆信息资源建设与管理［M］. 昆明：云南科技出版社，2019.

［18］刘获，陈长英，刘勤. 现代图书馆资源管理与推广［M］. 北京：光明日报出版社，2017.

［19］孔德超. 图书馆资源配置研究［M］. 郑州：河南人民出版社，2017.

［20］夏春红，于刚，印重. 现代图书馆资源管理与推广服务［M］. 北京：北京理工大学出版社，2017.

［21］潘丽琼. 图书馆信息资源建设与服务创新研究［M］. 长春：东北师范大学出版社，2017.

［22］浦绍鑫. 现代公共图书馆资源建设与服务［M］. 北京：光明日报出版社，2016.

［23］屈宝强. 图书馆联盟资源共享绩效评估研究［M］. 北京：科学技术文献出版社，2015.

［24］袁琳蓉. 大学图书馆特色数字信息资源建设与服务［M］. 成都：四川民族出版社，2014.

［25］汪涛，尚丽，张艳利，罗桂丹. 信息时代图书馆文献资源建设理论与实践［M］. 天津：天津科学技术出版社，2014.

［26］董素音，王丽敏. 图书馆基础资源建设［M］. 北京：海洋出版社，2013.

［27］蔡莉静，鄂丽君. 现代图书馆特色资源建设［M］. 北京：海洋出版社，2012.

［28］杨秀平，瞿学惠，吴春芬. 现代图书馆信息资源建设研究［M］. 北京：中国原子能出版社，2011.

［29］徐娜，陆桂霞，许雪梅. 现代图书馆资源开发与利用［M］. 哈尔滨：东北林业大学出版社，2009.

［30］刘贵勤. 图书馆人力资源管理［M］. 合肥：安徽大学出版社，2008.

［31］杨征. 智慧图书馆资源服务建设探究［J］. 四川图书馆学报，2022，250（6）：46~51.

［32］刘喜球，杨亚非. 元宇宙视域下赋能智慧图书馆的探索［J］. 图书馆研究，2023，53（2）：87~96.

［33］朱伟. 元宇宙概念视域下图书馆智慧化发展方向探索［J］. 中国民族博览，2023（11）：80~82.

［34］杨俊华. 从数字图书馆到智慧图书馆：机遇、挑战和创新［J］. 文化产业，2022（14）：120~122.

［35］初景利，任娇菡，王译晗. 从数字图书馆到智慧图书馆［J］. 大学图书馆学报，2022，40（2）：52~58.

[36] 李洪晨，马捷. 沉浸理论视角下元宇宙图书馆"人、场、物"重构研究 [J]. 情报科学，2022，40（1）：10~15.

[37] 马雪飞. 智慧图书馆管理与服务机制分析 [J]. 国际公关，2022（18）：89~91.

[38] 李菲菲. 基于人工智能的智慧图书馆建设的逻辑和方法研究 [J]. 情报科学，2021，39（12）：87~92.

[39] 梁炜，卢章平，王正兴等. 国内外图书馆特色资源研究：脉络、演进与展望 [J]. 图书馆情报研究，2021，14（2）：89~98.

[40] 王宏霞. 浅析图书馆信息资源共享途径 [J]. 山西广播电视大学学报，2021，26（2）：72~75.

[41] 叶菲菲. 加强图书馆资源建设　推进图书馆转型发展 [J]. 河南图书馆学刊，2020，40（6）：117~118+131.

[42] 孙奇. 基于信息构建的图书馆资源发现系统应用研究 [D]. 北京：北京协和医学院，2014.